Cidadania no Brasil

José Murilo de Carvalho

Cidadania no Brasil
O longo caminho

30ª edição

Edição ampliada

Rio de Janeiro
2025

COPYRIGHT © 2001 *by* José Murilo de Carvalho

PROJETO GRÁFICO: *Evelyn Grumach e João de Souza Leite*
CAPA: *Anderson Junqueira*

CIP-BRASIL. CATALOGAÇÃO NA FONTE
SINDICATO NACIONAL DOS EDITORES DE LIVROS, RJ

C324c
30. ed.

    Carvalho, José Murilo de, 1939-
    Cidadania no Brasil : o longo caminho / José Murilo de Carvalho. –
30. ed. ampl. – Rio de Janeiro : Civilização Brasileira, 2025.

    ISBN 978-65-580-2042-4

    1. Cidadania – História – Brasil. 2. Direitos fundamentais – História –
Brasil. 3. Direitos políticos – História – Brasil. 4. Democracia – Brasil. I. Título.

21-73104   CDD 323.60981
                                       CDU 32:342.71(81)

Camila Donis Hartmann – Bibliotecária – CRB-7/6472

Texto revisado segundo o Acordo Ortográfico da Língua Portuguesa de 1990.

Todos os direitos reservados. É proibido reproduzir, armazenar ou transmitir partes deste livro, através de quaisquer meios, sem prévia autorização por escrito.

Direitos desta tradução adquiridos pela
EDITORA CIVILIZAÇÃO BRASILEIRA
Um selo da
EDITORA JOSÉ OLYMPIO LTDA.
Rua Argentina, 171 — Rio de Janeiro, RJ — 20921-380 —
Tel.: (21) 2585-2000.

Seja um leitor preferencial Record.
Cadastre-se no site www.record.com.br
e receba informações sobre nossos lançamentos e nossas promoções.

Atendimento e venda direta ao leitor:
sac@record.com.br

Impresso no Brasil
2025

Sumário

APRESENTAÇÃO À 18ª EDIÇÃO (2014) *POR MIRIAM LEITÃO*   7
PREFÁCIO À 18ª EDIÇÃO (2014) — A HISTÓRIA PREGA UMA PEÇA   9
INTRODUÇÃO: MAPA DA VIAGEM   15

Capítulo I: Primeiros passos (1822-1930)   23

O PESO DO PASSADO (1500-1822)   25
1822: OS DIREITOS POLÍTICOS SAEM NA FRENTE   33
1881: TROPEÇO   46
DIREITOS CIVIS SÓ NA LEI   52
CIDADÃOS EM NEGATIVO   72
O SENTIMENTO NACIONAL   83

Capítulo II: Marcha acelerada (1930-1964)   91

1930: MARCO DIVISÓRIO   95
OS DIREITOS SOCIAIS NA DIANTEIRA (1930-1945)   116
A VEZ DOS DIREITOS POLÍTICOS (1945-1964)   132
CONFRONTO E FIM DA DEMOCRACIA   150

Capítulo III: Passo atrás, passo adiante (1964-1985)   161

PASSO ATRÁS: NOVA DITADURA (1964-1974)   164
NOVAMENTE OS DIREITOS SOCIAIS   176
PASSO ADIANTE: VOLTAM OS DIREITOS CIVIS E POLÍTICOS (1974-1985)   179
UM BALANÇO DO PERÍODO MILITAR   196

Capítulo IV: A cidadania após a redemocratização   201

A EXPANSÃO FINAL DOS DIREITOS POLÍTICOS   204
DIREITOS SOCIAIS SOB AMEAÇA   210
DIREITOS CIVIS RETARDATÁRIOS   213

CONCLUSÃO: A CIDADANIA NA ENCRUZILHADA   223
POSFÁCIO À 18ª EDIÇÃO (2014) — CIDADANIA 12 ANOS DEPOIS: AINDA FRÁGIL APESAR DOS AVANÇOS   235
POSFÁCIO À EDIÇÃO COMEMORATIVA PELOS VINTE ANOS DE PUBLICAÇÃO (2021)   255
SUGESTÕES DE LEITURA   263
CRÉDITO DAS IMAGENS DE CAPA E CONTRACAPA   269

Apresentação à 18ª edição (2014)
Miriam Leitão

O livro que o leitor tem em mãos é uma preciosidade. Nasceu clássico em 2001, confirmou sua fama em muitas edições e agora chega atualizado, com novos prefácio e posfácio. A obra guia o leitor pela longa jornada que temos feito para sermos uma democracia. Em certos países, a República chegou incluindo parcelas maiores do povo na cena política. No Brasil, ela foi proclamada diante de um povo indiferente e excluído, e foi cortada por surtos autoritários. A ampliação de direitos civis e políticos aconteceu lentamente, e sua natureza democrática somente foi consolidada após 1985.

José Murilo de Carvalho nos tem ajudado a entender etapas desse caminho, de forma a compreender o próprio país. Em *Cidadania no Brasil*, o autor fala da formação da consciência do eleitor sobre seus poderes e as fases dessa conquista.

Estamos agora em um momento intenso. Eleições normais rotinizaram o que no passado parecia fato extraordinário. Deveria ser banal, em 2003, Fernando Henrique Cardoso passar a faixa para Luis Inácio Lula da Silva, ambos eleitos pelo voto direto; mas era a primeira vez que isso acontecia desde 1960. Os últimos anos foram de muitas travessias. Houve queda da pobreza através da política de transferência de renda do

Bolsa-Família, sobre a qual o autor diz "o programa pede o aperfeiçoamento, não a extinção". O julgamento do mensalão confirmou a independência dos poderes. A explosão do movimento de rua em junho de 2013 foi inesperada. José Murilo, um dos maiores pensadores do Brasil contemporâneo, diz aqui que é preciso "reconhecer o fracasso de todos os analistas" que não previram o movimento e, por isso, propõe aperfeiçoar os instrumentos de análise. "Os que usamos falharam."

O leitor encontrará aqui um mapa da caminhada, desde os primeiros passos do Brasil independente, ainda monárquico, passando pela República, até os movimentos de rua recentes. Poderá entender como a cidadania tem se formado. A nova edição chega quando tudo está em ebulição e em transição. Hora perfeita para entender o que o país construiu em quase dois séculos de jornada. Boa leitura, cidadãos.

Prefácio à 18ª edição (2014)
A história prega uma peça

O posfácio deste livro foi escrito antes dos eventos do mês de junho de 2013. O tom geral da análise era positivo e otimista, ressaltava os avanços conseguidos em nosso lento percurso democrático. Havia nele indicações de que algo se movia nos subterrâneos de nossa sociedade, de que estavam em andamento transformações na estrutura social e nos meios de comunicação capazes de, eventualmente, produzirem perturbações na calmaria política que há anos anestesiava a mobilização política. Mas o autor, como, aliás, os cientistas políticos, sociólogos, jornalistas, políticos, serviços de inteligência, marqueteiros, estavam longe de prever que a turbulência se verificaria tão cedo e com tanta força.

Inesperadamente, centenas de milhares de brasileiros começam a sair às ruas protestando, inicialmente, contra aumentos nas tarifas dos transportes públicos. Iniciados em maio em Natal, os protestos chegaram a São Paulo em junho, organizados pelo Movimento Passe Livre. Alastraram-se para o Rio de Janeiro, Brasília, Belo Horizonte, Fortaleza e outras capitais, além de cidades do interior, ocupando todo o mês de junho. O dia 20 desse mês representou o auge do movimento, quando houve manifestações em 80 cidades. Em São Paulo,

300 mil pessoas desfilaram, 100 mil no Rio de Janeiro, 25 mil em Brasília. De início pacífica, a natureza das manifestações começou a se alterar após repressão truculenta da polícia paulista durante a manifestação de 13 de junho, quando sete repórteres foram atingidos por balas de borracha e mais de 200 manifestantes foram presos. A violência policial marcou também a marcha dos 300 mil no Rio de Janeiro nesse mesmo dia, quando mais de 60 manifestantes foram levados a hospitais. Ao longo do processo, as manifestações começaram a ser infiltradas por grupos interessados em promover conflito com a polícia e cometer atos de vandalismo. Ganharam notoriedade os *black blocs,* grupo surgido, em reação à violência policial, na Alemanha na década de 1980, com o nome de *Schwarze Block.* Seus membros usavam roupas pretas e máscaras. Com a infiltração desses grupos, o final das passeatas passou a ser marcado por batalhas entre eles e a polícia, acompanhadas de atos de vandalismo. O fato fez com que o amplo apoio inicial da população às manifestações começasse a diminuir.

Todos assistimos, bestializados, a essa explosão coletiva de insatisfação. A perplexidade atingiu em cheio o mundo político, em especial o Partido dos Trabalhadores, que nunca deixou de se autopromover como responsável por um governo popular. Congresso e Executivo apressaram-se em declarar que estavam atentos ao clamor das massas e em propor reformas e iniciativas, algumas delas mais de seu próprio interesse do que do interesse das ruas, como foi o caso das propostas feitas pela presidente de convocação de constituintes, plebiscitos e referendos.

Passado o tsunâmi, apareceram, e continuam a aparecer, dezenas de explicações. É preciso, no entanto, reconhecer, em nome da honestidade intelectual, que a história, como muitas vezes costuma fazer, nos pregou uma peça. Ou, melhor dizendo, nós é que não fomos capazes de ler e interpretar a escrita na parede, os sintomas que se acumulavam. Daí a primeira lição de junho de 2013: reconhecer o fracasso de todos os analistas e admitir a necessidade de diversificar e aprimorar nossos instrumentos de observação da realidade. Os que usamos falharam.

Dito isso, é claro que, apesar do fracasso da predição, pode-se tentar alguma "posdição", precária que seja. Antes de *posdizer*, no entanto, é preciso caracterizar o que estamos *posdizendo*, isto é, identificar o que aconteceu, tarefa também difícil e controversa. Dou minha leitura dos fatos, reconhecendo que há outras que dela diferem.

Um primeiro ponto é que as manifestações foram, sim, inéditas entre nós, pelo menos em quatro características: foram viabilizadas pelas redes sociais; não tinham lideranças claras, exceto no início; tornaram-se multifocadas após a ênfase inicial no custo dos transportes coletivos; e, finalmente, fugiram aos valores políticos vigentes. Outras grandes manifestações nos últimos 30 anos, como a das Diretas Já (1983-1984) e a do impeachment de Fernando Collor (1992), tinham lideranças conhecidas, objetivo preciso, não dependeram das redes sociais, então inexistentes, obedeceram ao sistema vigente de representação. É também importante definir que povo, ou que parcela dele, foi para as ruas. Pelo que se pôde ver nas imagens amplamente divulgadas na mídia impressa e televisiva e, sobretudo, nas redes sociais, e deduzir de algumas rápidas pesquisas feitas no calor da hora, o grosso dos manifestantes compunha-se de representantes da classe média, sobretudo da juventude estudantil. A ser assim, haveria semelhança com o movimento dos caras-pintadas da época do impeachment. Mas em todos esses exemplos, embora os manifestantes não constituíssem amostra fiel da população, conseguiram despertar ampla simpatia, senão apoio. Seus principais opositores, ironicamente, localizaram-se dentro dos órgãos tradicionais de organização da sociedade, como partidos, sindicatos e entidades estudantis.

Outro ponto a ser esclarecido tem a ver com a dinâmica do movimento. De um foco inicial limitado, o leque de reivindicações abriu-se para incluir a violência policial, a má qualidade dos serviços de saúde e educação, a falta de representatividade dos partidos, os gastos na reforma de estádios de futebol exigida pela Fifa para a Copa de 2014, a corrupção política, os políticos e, no limite, o sistema representativo como um todo. A entrada dos *black blocs* acrescentou como alvo o poder econômico e político em geral, atacados em suas representações, prédios públicos, bancos, empresas, polícias militares.

O problema do transporte coletivo serviu apenas de fagulha para atear um fogo que se alimentou depois de muitos outros combustíveis. A ser assim, o movimento denunciaria a existência na sociedade de certa *malaise,* de um descontentamento generalizado, mas não vocalizado e por isso não detectado pelos mecanismos tradicionais de aferição da opinião pública. Os ganhos reais conseguidos nos anos iniciais do século XXI, devidamente alardeados por poderosa máquina de propaganda governamental que descartava as críticas como fruto de despeito partidário, de conservadorismo, de elitismo, de descrença no Brasil, de moralismo de classe média, causaram a falsa sensação de bem-estar e bloquearam manifestações de desconforto até que elas, represadas, explodiram nas ruas.

Tentando ir mais fundo na exploração da origem da insatisfação, pode-se dizer que ela, ironicamente, talvez tenha a ver com as melhorias havidas nos níveis de renda e de escolaridade e no surgimento do que se chamou de nova classe média. A melhoria elevou necessariamente os níveis de consumo, no que foi ajudada pela política do governo de crescer pelo lado da demanda, inclusive de carros, um dos fatores, aliás, que ajudaram a entupir as ruas e criar o caos urbano. Mais renda significa também aumento de expectativas e da consciência cidadã, vista esta como percepção mais clara e ampla de direitos. O fenômeno é bem conhecido na história: políticas públicas podem ter consequências imprevistas e não desejadas por seus autores. Entre os direitos cuja percepção mais se expandiu estariam os que chamei de sociais. Aos clássicos direitos a saúde, educação, emprego foram acrescentados os que têm a ver com a qualidade da vida urbana, num país em que as cidades abrigam 85% da população, índice mais alto que o dos Estados Unidos.

O impacto imediato das manifestações foi grande, mas é difícil prever sua repercussão a médio prazo, sobretudo por causa da distorção causada pelos atos de vandalismo. De qualquer modo, elas mostraram que nem tudo são flores, que há algo podre no reino da Dinamarca. São um alerta importante de que novos atores políticos estão surgindo com novas agendas e novas modalidades de participação escoradas nas redes sociais. A construção de nossa cidadania pode estar entrando em novo patamar de avanço ou de retrocesso.

Introdução: Mapa da viagem

O esforço de reconstrução, melhor dito, de construção da democracia no Brasil ganhou ímpeto após o fim da ditadura militar, em 1985. Uma das marcas desse esforço é a voga que assumiu a palavra cidadania. Políticos, jornalistas, intelectuais, líderes sindicais, dirigentes de associações, simples cidadãos, todos a adotaram. A cidadania, literalmente, caiu na boca do povo. Mais ainda, ela substituiu o próprio povo na retórica política. Não se diz mais "o povo quer isto ou aquilo", diz-se "a cidadania quer". Cidadania virou gente. No auge do entusiasmo cívico, chamamos a Constituição de 1988 de Constituição Cidadã.

Havia ingenuidade no entusiasmo. Havia a crença de que a democratização das instituições traria rapidamente a felicidade nacional. Pensava-se que o fato de termos reconquistado o direito de eleger nossos prefeitos, governadores e presidente da República seria garantia de liberdade, de participação, de segurança, de desenvolvimento, de emprego, de justiça social. De liberdade, ele foi. A manifestação do pensamento é livre, a ação política e sindical é livre. De participação também. O direito do voto nunca foi tão difundido. Mas as coisas não caminharam tão bem em outras áreas. Pelo contrário. Já 15 anos passados desde o fim da ditadura, problemas centrais de nossa sociedade, como a violência urbana, o desemprego, o analfabetismo, a má qualidade da educação, a oferta inadequada dos serviços de saúde e saneamento, e as grandes desigualdades sociais e econômicas, ou continuam sem solução, ou se agravam, ou quando melhoram é em ritmo muito lento. Em consequência, os próprios mecanismos e agentes do sistema democrático, como as eleições, os partidos, o Congresso, os políticos, se desgastam e perdem a confiança dos cidadãos.

Não há indícios de que a descrença dos cidadãos tenha gerado saudosismo em relação ao governo militar, do qual a nova geração nem mesmo se recorda. Nem há indicação de perigo imediato para o sistema democrático. No entanto, a falta de perspectiva de melhoras importantes a curto prazo, inclusive por motivos que têm a ver com a crescente dependência do país em relação à ordem econômica internacional, é fator inquietante, não apenas pelo sofrimento humano que representa de imediato, como, a médio prazo, pela possível tentação que pode gerar de soluções que signifiquem retrocesso em conquistas já feitas. É importante, então, refletir sobre o problema da cidadania, sobre seu significado, sua evolução histórica e suas perspectivas. Será exercício adequado para o momento da passagem dos 500 anos da conquista dessas terras pelos portugueses.

Inicio a discussão dizendo que o fenômeno da cidadania é complexo e historicamente definido. A breve introdução acima já indica sua complexidade. O exercício de certos direitos, como a liberdade de pensamento e o voto, não gera automaticamente o gozo de outros, como a segurança e o emprego. O exercício do voto não garante a existência de governos atentos aos problemas básicos da população. Dito de outra maneira: a liberdade e a participação não levam automaticamente, ou rapidamente à resolução de problemas sociais. Isto quer dizer que a cidadania inclui várias dimensões e que algumas podem estar presentes sem as outras. Uma cidadania plena que combine liberdade, participação e igualdade para todos é um ideal desenvolvido no Ocidente e talvez inatingível. Mas ele tem servido de parâmetro para o julgamento da qualidade da cidadania em cada país e em cada momento histórico.

Tornou-se costume desdobrar a cidadania em direitos civis, políticos e sociais. O cidadão pleno seria aquele que fosse titular dos três direitos. Cidadãos incompletos seriam os que possuíssem apenas alguns dos direitos. Os que não se beneficiassem de nenhum dos direitos seriam não cidadãos. Esclareço os conceitos. Direitos civis são os direitos fundamentais à vida, à liberdade, à propriedade, à igualdade perante a lei. Eles se desdobram na garantia de ir e vir, de escolher o trabalho, de manifestar o pensamento, de organizar-se, de ter respeitada a inviolabilidade do lar e da correspondência, de não ser preso a não ser pela autoridade competente e de acordo com as leis, de não ser condenado sem processo legal regular. São direitos cuja garantia se baseia na existência de uma justiça independente, eficiente, barata e acessível a todos. São eles que garantem as relações civilizadas entre as pessoas e a própria existência da sociedade civil surgida com o desenvolvimento do capitalismo. Sua pedra de toque é a liberdade individual.

É possível haver direitos civis sem direitos políticos. Estes se referem à participação do cidadão no governo da sociedade. Seu exercício é limitado à parcela da população e consiste na capacidade de fazer demonstrações políticas, de organizar partidos, de votar, de ser votado. Em geral, quando se fala de direitos políticos, é do direito do voto que se está falando. Se pode haver direitos civis sem direitos políticos, o contrário não é viável. Sem os direitos civis, sobretudo a liberdade de opinião e organização, os direitos políticos, sobretudo o voto, podem existir formalmente, mas ficam esvaziados de conteúdo e servem antes para justificar governos do que para representar cidadãos. Os direitos políticos têm como instituição principal os partidos e um parlamento livre e representativo. São eles que conferem legitimidade à organização política da sociedade. Sua essência é a ideia de autogoverno.

Finalmente, há os direitos sociais. Se os direitos civis garantem a vida em sociedade, se os direitos políticos garantem a participação no governo da sociedade, os direitos sociais garantem a participação na riqueza coletiva. Eles incluem o direito à educação, ao trabalho, ao salário justo, à saúde, à aposentadoria. A garantia de sua vigência depende da existência de uma eficiente máquina administrativa do Poder Executivo. Em tese, eles podem existir sem os direitos civis e certamente sem os direitos políticos. Podem mesmo ser usados em substituição aos direitos políticos. Mas, na ausência de direitos civis e políticos, seu conteúdo e alcance tendem a ser arbitrários. Os direitos sociais permitem às sociedades politicamente organizadas reduzir os excessos de desigualdade produzidos pelo capitalismo e garantir um mínimo de bem-estar para todos. A ideia central em que se baseiam é a da justiça social.

O autor que desenvolveu a distinção entre as várias dimensões da cidadania, T. A. Marshall, sugeriu também que ela, a cidadania, se desenvolveu na Inglaterra com muita lentidão. Primeiro vieram os direitos civis, no século XVIII. Depois, no século XIX, surgiram os direitos políticos. Finalmente, os direitos sociais foram conquistados no século XX. Segundo ele, não se trata de sequência apenas cronológica: ela é também lógica. Foi com base no exercício dos direitos civis, nas liberdades civis, que os ingleses reivindicaram o direito de votar, de participar do governo de seu país. A participação permitiu a eleição de operários e a criação do Partido Trabalhista, que foram os responsáveis pela introdução dos direitos sociais.

Há, no entanto, uma exceção na sequência de direitos, anotada pelo próprio Marshall. Trata-se da educação popular. Ela é definida como direito social, mas tem sido historicamente um pré-requisito para a expansão dos outros direitos. Nos países em que a cidadania se desenvolveu com mais rapidez, inclusive na Inglaterra, por uma razão ou outra a educação popular foi introduzida. Foi ela que permitiu às pessoas tomarem conhecimento de seus direitos e se organizarem para lutar por eles. A ausência de uma população educada tem sido sempre um dos principais obstáculos à construção da cidadania civil e política.

O surgimento sequencial dos direitos sugere que a própria ideia de direitos, e, portanto, a própria cidadania, é um fenômeno histórico. O ponto de chegada, o ideal da cidadania plena, pode ser semelhante, pelo menos na tradição ocidental dentro da qual nos movemos. Mas os caminhos são distintos e nem sempre seguem linha reta. Pode haver também desvios e retrocessos, não previstos por Marshall. O percurso inglês foi apenas um entre outros. A França, a Alemanha, os Estados Unidos, cada país seguiu seu próprio caminho. O Brasil não é exceção. Aqui não se aplica o modelo inglês. Ele nos serve apenas para comparar por contraste. Para dizer logo, houve no Brasil pelo menos duas diferenças importantes. A primeira refere-se à maior ênfase em um dos direitos, o social, em relação aos outros. A segunda refere-se à alteração na sequência em que os direitos foram adquiridos: entre nós o social precedeu os outros. Como havia lógica na sequência inglesa, uma alteração dessa lógica afeta a natureza da cidadania. Quando falamos de um cidadão inglês ou norte-americano e de um cidadão brasileiro, não estamos falando exatamente da mesma coisa.

Outro aspecto importante, derivado da natureza histórica da cidadania, é que ela se desenvolveu dentro do fenômeno, também histórico, a que chamamos de Estado-nação e que data da Revolução Francesa de 1789. A luta pelos direitos, todos eles, sempre se deu dentro das fronteiras geográficas e políticas do Estado-nação. Era uma luta política nacional, e o cidadão que dela surgia era também nacional. Isto quer dizer que a construção da cidadania tem a ver com a relação das pessoas com o Estado e com a nação. As pessoas se tornavam cidadãs à medida que passavam a se sentir parte de uma nação e de um Estado. Da cidadania como a conhecemos fazem parte então a lealdade a um Estado e a identificação com uma nação. As duas coisas também nem sempre aparecem juntas. A identificação à nação pode ser mais forte do que a lealdade ao Estado, e vice-versa. Em geral, a identidade nacional se deve a fatores como religião, língua e, sobretudo, lutas e guerras contra inimigos comuns. A lealdade ao Estado depende do grau de participação na vida política. A maneira como se formaram os Estados-nação condiciona assim a construção da cidadania. Em alguns países, o Estado teve mais importância e o processo de difusão dos direitos se deu principalmente a partir da ação estatal. Em outros, ela se deveu mais à ação dos próprios cidadãos.

Da relação da cidadania com o Estado-nação deriva uma última complicação do problema. Existe hoje um consenso a respeito da ideia de que vivemos uma crise do Estado-nação. Discorda-se da extensão, profundidade e rapidez do fenômeno, não de sua existência. A internacionalização do sistema capitalista, iniciada há séculos, mas muito acelerada pelos avanços tecnológicos recentes, e a criação de blocos econômicos e políticos têm causado uma redução do poder dos Estados e uma mudança das identidades nacionais existentes. As várias nações que compunham o antigo império soviético se transformaram em novos Estados-nação. No caso da Europa Ocidental, os vários Estados-nação se fundem em um grande Estado multinacional. A redução do poder do Estado afeta a natureza dos antigos direitos, sobretudo dos direitos políticos e sociais. Se os direitos políticos significam participação no governo, uma diminuição no poder do governo reduz também a relevância do direito de participar. Por outro lado, a ampliação da competição internacional coloca pressão sobre o custo da mão de obra e sobre as finanças estatais, o que acaba afetando o emprego e os gastos do governo, do qual dependem os direitos sociais. Desse modo, as mudanças recentes têm recolocado em pauta o debate sobre o problema da cidadania, mesmo nos países em que ele parecia estar razoavelmente resolvido.

Tudo isso mostra a complexidade do problema. O enfrentamento dessa complexidade pode ajudar a identificar melhor as pedras no caminho da construção democrática. Não ofereço receita da cidadania. Também não escrevo para especialistas. Faço convite a todos os que se preocupam com a democracia para uma viagem pelos caminhos tortuosos que a cidadania tem seguido no Brasil. Seguindo-lhe o percurso, o eventual companheiro ou companheira de jornada poderá desenvolver visão própria do problema. Ao fazê-lo, estará exercendo sua cidadania.

CAPÍTULO I Primeiros passos (1822-1930)

A primeira parte do trajeto nos levará a percorrer 108 anos da história do país, desde a independência, em 1822, até o final da Primeira República, em 1930. Fugindo da divisão costumeira da história política do país, englobo em um mesmo período o Império (1822-1889) e a Primeira República (1889-1930). Do ponto de vista do progresso da cidadania, a única alteração importante que houve nesse período foi a abolição da escravidão em 1888. A abolição incorporou os ex-escravos aos direitos civis. Mesmo assim, a incorporação foi mais formal do que real. A passagem de um regime político para outro em 1889 trouxe pouca mudança. Mais importante, pelo menos do ponto de vista político, foi o movimento que pôs fim à Primeira República em 1930. Antes de iniciar o percurso, no entanto, é preciso fazer rápida excursão à fase colonial. Algumas características da colonização portuguesa no Brasil deixaram marcas duradouras, relevantes para o problema que nos interessa.

O PESO DO PASSADO (1500-1822)

Ao proclamar a sua independência de Portugal em 1822, o Brasil herdou uma tradição cívica pouco encorajadora. Em três séculos de colonização (1500-1822), os portugueses tinham construído um enorme país dotado de unidade territorial, linguística, cultural e religiosa. Mas tinham também deixado uma população analfabeta, uma sociedade escravocrata, uma economia monocultora e latifundiária, um Estado absolutista. À época da independência não havia cidadãos brasileiros, nem pátria brasileira.

A história da colonização é conhecida. Lembro apenas alguns pontos que julgo pertinentes para a discussão. O primeiro deles tem a ver com o fato de que o futuro país nasceu da conquista de povos seminômades, na idade da pedra polida, por europeus detentores de tecnologia muito mais avançada. O efeito imediato da conquista foi a dominação e o extermínio, pela guerra, pela escravização e pela doença, de milhões de indígenas. O segundo tem a ver com o fato de que a conquista teve conotação comercial. A colonização foi um empreendimento do governo colonial aliado a particulares. A atividade que melhor se prestou à finalidade lucrativa foi a produção de açúcar, mercadoria com crescente mercado na Europa. Essa produção tinha duas características importantes: exigia grandes capitais e muita mão de obra. A primeira foi responsável pela grande desigualdade que logo se estabeleceu entre os senhores de engenho e os outros habitantes; a segunda, pela escravização dos africanos. Outros produtos tropicais, como o tabaco, juntaram-se depois ao açúcar. Consolidou-se, por esse modo, um traço que marcou durante séculos a economia e a sociedade brasileiras: o latifúndio monocultor e exportador de base escravista. Formaram-se, ao longo da costa, núcleos populacionais baseados nesse tipo de atividade que constituíram os principais polos de desenvolvimento da colônia e lhe deram viabilidade econômica até o final do século XVII, quando a exploração do ouro passou a ter importância.

A mineração, sobretudo de aluvião, requeria menor volume de capital e de mão de obra. Além disso, era atividade de natureza volátil, cheia de incertezas. As fortunas podiam surgir e desaparecer rapidamente. O ambiente urbano que logo a cercou também contribuía para afrouxar os controles sociais, inclusive sobre a população escrava. Tudo isto contribuía para maior mobilidade social do que a existente nos latifúndios. Por outro lado, a exploração do ouro e do diamante sofreu com maior força a presença da máquina repressiva e fiscal do sistema colonial. As duas coisas, maior mobilidade e maior controle, tornaram a região mineradora mais propícia à rebelião política. Outra atividade econômica importante desde o início da colonização foi a criação de gado. O gado desenvolveu-se no interior do país como atividade subsidiária da grande propriedade agrícola. A pecuária era menos concentrada do que o latifúndio, usava menos mão de obra escrava e tinha sobre a mineração a vantagem de fugir ao controle das autoridades coloniais. Mas, do lado negativo, gerava grande isolamento da população em relação ao mundo da administração e da política. O poder privado exerce o domínio inconteste.

O fator mais negativo para a cidadania foi a escravidão. Os escravos começaram a ser importados na segunda metade do século XVI. A importação continuou ininterrupta até 1850, 28 anos após a independência. Calcula-se que até 1822 tenham sido introduzidos na colônia cerca de 3 milhões de escravos. Na época da independência, numa população de cerca de 5 milhões, incluindo uns 800 mil índios, havia mais de 1 milhão de escravos. Embora concentrados nas áreas de grande agricultura exportadora e de mineração, havia escravos em todas as atividades, inclusive urbanas. Nas cidades eles exerciam várias tarefas dentro das casas e na rua. Nas casas, as escravas faziam o serviço doméstico, amamentavam os filhos das sinhás, satisfaziam a concupiscência dos senhores. Os filhos dos escravos faziam pequenos trabalhos e serviam de montaria nos brinquedos dos sinhozinhos. Na rua, trabalhavam para os senhores ou eram por eles alugados. Em muitos casos, eram a única fonte de renda de viúvas. Trabalhavam de carregadores, vendedores, artesãos, barbeiros, prostitutas. Alguns eram alugados para mendigar. Toda pessoa com algum recurso possuía um ou mais escravos. O Estado, os funcionários públicos, as ordens religiosas, os padres, todos eram proprietários de escravos. Era tão grande a força da escravidão que os próprios libertos, uma vez livres, adquiriam escravos. A escravidão penetrava em todas as classes, em todos os lugares, em todos os desvãos da sociedade: a sociedade colonial era escravista de alto a baixo.

A escravização de índios foi praticada no início do período colonial, mas foi proibida pelas leis e teve a oposição decidida dos jesuítas. Os índios brasileiros foram rapidamente dizimados. Calcula-se que havia na época da descoberta cerca de 4 milhões de índios. Em 1823 restava menos de 1 milhão. Os que escaparam ou se miscigenaram, ou foram empurrados para o interior do país. A miscigenação se deveu à natureza da colonização portuguesa: comercial e masculina. Portugal, à época da conquista, tinha cerca de 1 milhão de habitantes, insuficientes para colonizar o vasto império que conquistara, sobretudo as partes menos habitadas, como o Brasil. Não havia mulheres para acompanhar os homens. Miscigenar era uma necessidade individual e política. A miscigenação se deu em parte por aceitação das mulheres indígenas, em parte pelo simples estupro. No caso das escravas africanas, o estupro era a regra.

Escravidão e grande propriedade não constituíam ambiente favorável à formação de futuros cidadãos. Os escravos não eram cidadãos, não tinham os direitos civis básicos à integridade física (podiam ser espancados), à liberdade e, em casos extremos, à própria vida, já que a lei os considerava propriedade do senhor, equiparando-os a animais. Entre escravos e senhores existia uma população legalmente livre, mas a que faltavam quase todas as condições para o exercício dos direitos civis, sobretudo a educação. Ela dependia dos grandes proprietários para morar, trabalhar e defender-se contra o arbítrio do governo e de outros proprietários. Os que fugiam para o interior do país viviam isolados de toda convivência social, transformando-se, eventualmente, eles próprios em grandes proprietários.

Não se pode dizer que os senhores fossem cidadãos. Eram, sem dúvida, livres, votavam e eram votados nas eleições municipais. Eram os "homens bons" do período colonial. Faltava-lhes, no entanto, o próprio sentido da cidadania, a noção da igualdade de todos perante a lei. Eram simples potentados que absorviam parte das funções do Estado, sobretudo as funções judiciárias. Em suas mãos, a justiça, que, como vimos, é a principal garantia dos direitos civis, tornava-se simples instrumento do poder pessoal. O poder do governo terminava na porteira das grandes fazendas.

A justiça do rei tinha alcance limitado, ou porque não atingia os locais mais afastados das cidades, ou porque sofria a oposição da justiça privada dos grandes proprietários, ou porque não tinha autonomia perante as autoridades executivas, ou, finalmente, por estar sujeita à corrupção dos magistrados. Muitas causas tinham que ser decididas em Lisboa, consumindo tempo e recursos fora do alcance da maioria da população. O cidadão comum ou recorria à proteção dos grandes proprietários, ou ficava à mercê do arbítrio dos mais fortes. Mulheres e escravos estavam sob a jurisdição privada dos senhores, não tinham acesso à justiça para se defenderem. Aos escravos só restava o recurso da fuga e da formação de quilombos. Recurso precário porque os quilombos eram sistematicamente combatidos e exterminados por tropas do governo ou de particulares contratados pelo governo.

Frequentemente, em vez de conflito entre as autoridades e os grandes proprietários, havia entre eles conluio, dependência mútua. A autoridade máxima nas localidades, por exemplo, eram os capitães-mores das milícias. Esses capitães-mores eram de investidura real, mas sua escolha era sempre feita entre os representantes da grande propriedade. Havia, então, confusão, que era igualmente conivência, entre o poder do Estado e o poder privado dos proprietários. Os impostos eram também frequentemente arrecadados por meio de contratos com particulares. Outras funções públicas, como o registro de nascimentos, casamentos e óbitos, eram exercidas pelo clero católico. A consequência de tudo isso era que não existia de verdade um poder que pudesse ser chamado de público, isto é, que pudesse ser a garantia da igualdade de todos perante a lei, que pudesse ser a garantia dos direitos civis.

Outro aspecto da administração colonial portuguesa que dificultava o desenvolvimento de uma consciência de direitos era o descaso pela educação primária. De início, ela estava nas mãos dos jesuítas. Após a expulsão desses religiosos em 1759, o governo dela se encarregou, mas de maneira completamente inadequada. Não há dados sobre alfabetização ao final do período colonial. Mas se verificarmos que em 1872, meio século após a independência, apenas 16% da população era alfabetizada, poderemos ter uma ideia da situação àquela época. É claro que não se poderia esperar dos senhores qualquer iniciativa a favor da educação de seus escravos ou de seus dependentes. Não era do interesse da administração colonial, ou dos senhores de escravos, difundir essa arma cívica. Não havia também motivação religiosa para se educar. A Igreja Católica não incentivava a leitura da Bíblia. Na Colônia, só se via mulher aprendendo a ler nas imagens de Sant'Ana Mestra ensinando Nossa Senhora.

A situação não era muito melhor na educação superior. Em contraste com a Espanha, Portugal nunca permitiu a criação de universidades em sua colônia. Ao final do período colonial, havia pelo menos 23 universidades na parte espanhola da América, três delas no México. Umas 150 mil pessoas tinham sido formadas nessas universidades. Só a Universidade do México formou 39.367 estudantes. Na parte portuguesa, escolas superiores só foram admitidas após a chegada da corte, em 1808. Os brasileiros que quisessem, e pudessem, seguir curso superior tinham que viajar a Portugal, sobretudo a Coimbra. Entre 1772 e 1872, passaram pela Universidade de Coimbra 1.242 estudantes brasileiros. Comparado com os 150 mil da colônia espanhola, o número é ridículo.

A situação da cidadania na Colônia pode ser resumida nas palavras atribuídas por Frei Vicente do Salvador a um bispo de Tucumán de passagem pelo Brasil. Segundo Frei Vicente, em sua *História do Brasil, 1500-1627*, teria dito o bispo: "Verdadeiramente que nesta terra andam as coisas trocadas, porque toda ela não é república, sendo-o cada casa." Não havia república no Brasil, isto é, não havia sociedade política; não havia "repúblicos", isto é, não havia cidadãos. Os direitos civis beneficiavam a poucos, os direitos políticos a pouquíssimos, dos direitos sociais ainda não se falava, pois a assistência social estava a cargo da Igreja e de particulares.

Foram raras, em consequência, as manifestações cívicas durante a Colônia. Excetuadas as revoltas escravas, das quais a mais importante foi a de Palmares, esmagada por particulares a soldo do governo, quase todas as outras foram conflitos entre setores dominantes ou reações de brasileiros contra o domínio colonial. No século XVIII houve quatro revoltas políticas. Três delas foram lideradas por elementos da elite e constituíam protestos contra a política metropolitana, a favor da independência de partes da colônia. Duas se passaram sintomaticamente na região das minas, onde havia condições mais favoráveis à rebelião. A mais politizada foi a Inconfidência Mineira (1789), que se inspirou no ideário iluminista do século XVIII e no exemplo da independência das colônias da América do Norte. Mas seus líderes se restringiam aos setores dominantes — militares, fazendeiros, padres, poetas e magistrados —, e ela não chegou às vias de fato.

Mais popular foi a Revolta dos Alfaiates, de 1798, na Bahia, a única envolvendo militares de baixa patente, artesãos e escravos. Já sob a influência das ideias da Revolução Francesa, sua natureza foi mais social e racial que política. O alvo principal dos rebeldes, quase todos negros e mulatos, era a escravidão e o domínio dos brancos. Distinguia-se das revoltas de escravos anteriores por se localizar em cidade importante e não buscar a fuga para quilombos distantes. Foi reprimida com rigor. A última e mais séria revolta do período colonial aconteceu em Pernambuco, em 1817. Os rebeldes de Pernambuco eram militares de alta patente, comerciantes, senhores de engenho e, sobretudo, padres. Calcula-se em 45 o número de padres envolvidos. Sob forte influência maçônica, os rebeldes proclamaram uma república independente que incluía, além de Pernambuco, as capitanias da Paraíba e do Rio Grande do Norte. Controlaram o governo durante dois meses. Alguns dos líderes, inclusive padres, foram fuzilados.

Na revolta de 1817 apareceram com mais clareza alguns traços de uma nascente consciência de direitos sociais e políticos. A república era vista como o governo dos povos livres em oposição ao absolutismo monárquico. Mas as ideias de igualdade não iam muito longe. A escravidão não foi tocada. Em 1817, houve, sobretudo, manifestação do espírito de resistência dos pernambucanos. Sintomaticamente, falava-se em "patriotas" e não em "cidadãos". E o patriotismo era pernambucano mais que brasileiro. A identidade pernambucana fora gerada durante a prolongada luta contra os holandeses no século XVII. Como vimos, guerras são poderosos fatores de criação de identidade.

Chegou-se ao fim do período colonial com a grande maioria da população excluída dos direitos civis e políticos e sem a existência de um sentido de nacionalidade. No máximo, havia alguns centros urbanos dotados de uma população politicamente mais aguerrida e algum sentimento de identidade regional.

1822: OS DIREITOS POLÍTICOS SAEM NA FRENTE

A independência não introduziu mudança radical no panorama descrito. Por um lado, a herança colonial era por demais negativa; por outro, o processo de independência envolveu conflitos muito limitados. Em comparação com os outros países da América Latina, a independência do Brasil foi relativamente pacífica. O conflito militar limitou-se a escaramuças no Rio de Janeiro e à resistência de tropas portuguesas em algumas províncias do norte, sobretudo Bahia e Maranhão. Não houve grandes guerras de libertação como na América espanhola. Não houve mobilização de grandes exércitos, figuras de grandes "libertadores", como Simón Bolívar, José de San Martín, Bernardo O'Higgins, Antonio José de Sucre. Também não houve revoltas libertadoras chefiadas por líderes populares, como os mexicanos Miguel Hidalgo e José María Morelos. A revolta que mais se aproximou deste último modelo foi a de 1817, que se limitou a pequena parte do país e foi derrotada.

A principal característica política da independência brasileira foi a negociação entre a elite nacional, a coroa portuguesa e a Inglaterra, tendo como figura mediadora o príncipe D. Pedro. Do lado brasileiro, o principal negociador foi José Bonifácio, que vivera longos anos em Portugal e fazia parte da alta burocracia da metrópole. Havia sem dúvida participantes mais radicais, sobretudo padres e maçons. Mas a maioria deles também aceitou uma independência negociada. A população do Rio de Janeiro e de outras capitais apoiou com entusiasmo o movimento de independência, e em alguns momentos teve papel importante no enfrentamento das tropas portuguesas. Mas sua principal contribuição foi secundar por meio de manifestações públicas a ação dos líderes, inclusive a de D. Pedro. O radicalismo popular manifestava-se sobretudo no ódio aos portugueses que controlavam as posições de poder e o comércio nas cidades costeiras.

Parte da elite brasileira acreditou até o último momento ser possível uma solução que não implicasse a separação completa de Portugal. Foram as tentativas das Cortes portuguesas de reconstituir a situação colonial que uniram os brasileiros em torno da ideia de separação. Mesmo assim, a separação foi feita mantendo-se a monarquia e a casa de Bragança. Graças à intermediação da Inglaterra, Portugal aceitou a independência do

Brasil mediante o pagamento de uma indenização de 2 milhões de libras esterlinas. A escolha de uma solução monárquica em vez de republicana deveu-se à convicção da elite de que só a figura de um rei poderia manter a ordem social e a união das províncias que formavam a antiga colônia. O exemplo do que acontecera e ainda acontecia na ex-colônia espanhola assustava a elite. Seus membros mais ilustrados, como José Bonifácio, queriam evitar a todo custo a fragmentação da ex-colônia em vários países pequenos e fracos, e sonhavam com a construção de um grande império. Os outros temiam ainda que a agitação e a violência, prováveis caso a opção fosse pela república, trouxessem riscos para a ordem social. Acima de tudo, os proprietários rurais receavam algo parecido com o que sucedera no Haiti, onde os escravos tinham se rebelado, proclamado a independência e expulsado a população branca. O "haitianismo", como se dizia na época, era um espantalho poderoso num país que dependia da mão de obra escrava e em que dois terços da população eram mestiços. Era importante que a independência se fizesse de maneira ordenada para evitar esses inconvenientes. Nada melhor do que um rei para garantir uma transição tranquila, sobretudo se esse rei contasse, como contava, com apoio popular.

O papel do povo, se não foi de simples espectador, como queria Eduardo Prado, que o comparou ao carreiro do quadro *Independência ou morte!*, de Pedro Américo, também não foi decisivo, nem tão importante como na América do Norte ou mesmo na América espanhola. Sua presença foi maior nas cidades costeiras; no interior, foi quase nula. Nas capitais provinciais mais distantes, a notícia da independência só chegou uns três meses depois; no interior do país, demorou ainda mais. Por isso, se não se pode dizer que a independência se fez à revelia do povo, também não seria correto afirmar que ela foi fruto de uma luta popular pela liberdade. O papel do povo foi mais decisivo em 1831, quando o primeiro imperador foi forçado a renunciar. Houve grande agitação nas ruas do Rio de Janeiro, e uma multidão se reuniu no Campo de Santana exigindo a reposição do ministério deposto. Ao povo uniram-se a tropa e vários políticos em raro momento de confraternização. Embora o movimento se limitasse ao Rio de Janeiro, o apoio era geral. No entanto, se é possível considerar 1831 como a verdadeira data da independência do país, os efeitos da transição de 1822 já eram suficientemente fortes para garantir a solução monárquica e conservadora.

A tranquilidade da transição facilitou a continuidade social. Implantou-se um governo ao estilo das monarquias constitucionais e representativas europeias. Mas não se tocou na escravidão, apesar da pressão inglesa para aboli-la ou, pelo menos, para interromper o tráfico de escravos. Com todo o seu liberalismo, a Constituição ignorou a escravidão, como se ela não existisse. Aliás, como vimos, nem a revolta republicana de 1817 ousou propor a libertação dos escravos. Assim, apesar de constituir um avanço no que se refere aos direitos políticos, a independência, feita com a manutenção da escravidão, trazia em si grandes limitações aos direitos civis.

À época da independência, o Brasil era puxado em duas direções opostas: a direção americana, republicana; e a direção europeia, monárquica. Do lado americano, havia o exemplo admirado dos Estados Unidos e o exemplo recente, mais temido que admirado, dos países hispânicos. Do lado europeu, havia a tradição colonial portuguesa, as pressões da Santa Aliança e, sobretudo, a influência mediadora da Inglaterra. Foi esta última que facilitou a solução conciliadora e forneceu o modelo de monarquia constitucional, complementado pelas ideias do liberalismo francês pós-revolucionário. O constitucionalismo exigia a presença de um governo representativo baseado no voto dos cidadãos e na separação dos poderes políticos. A Constituição outorgada de 1824, que regeu o país até o fim da monarquia, combinando ideias de constituições europeias, como a francesa de 1791 e a espanhola de 1812, estabeleceu os três poderes tradicionais: o Executivo, o Legislativo (dividido em Senado e Câmara) e o Judiciário. Como resíduo do absolutismo, criou ainda um quarto poder, chamado de Moderador, que era privativo do imperador. A principal atribuição desse poder era a livre nomeação dos ministros de Estado, independentemente da opinião do Legislativo. Essa atribuição fazia com que o sistema não fosse autenticamente parlamentar, conforme o modelo inglês. Poderia ser chamado de monarquia presidencial, de vez que no presidencialismo republicano a nomeação de ministros também independe da aprovação do Legislativo.

A Constituição regulou os direitos políticos, definiu quem teria direito de votar e ser votado. Para os padrões da época, a legislação brasileira era muito liberal. Podiam votar todos os homens de 25 anos ou mais que tivessem renda mínima de 100 mil-réis. Todos os cidadãos qualificados eram obrigados a votar. As mulheres não votavam, e os escravos, naturalmente, não eram considerados cidadãos. Os libertos podiam votar na eleição primária. A limitação de idade comportava exceções. O limite caía para 21 anos no caso dos chefes de família, dos oficiais militares, bacharéis, clérigos, empregados públicos, em geral de todos os que tivessem independência econômica. A limitação de renda era de pouca importância. A maioria da população trabalhadora ganhava mais de 100 mil-réis por ano. Em 1876, o menor salário do serviço público era de 600 mil-réis. O critério de renda não excluía a população pobre do direito do voto. Dados de um município do interior da província de Minas Gerais, de 1876, mostram que os proprietários rurais representavam apenas 24% dos votantes. O restante era composto de trabalhadores rurais, artesãos, empregados públicos e alguns poucos profissionais liberais. As exigências de renda na Inglaterra, na época, eram muito mais altas, mesmo depois da reforma de 1832. A lei brasileira permitia ainda que os analfabetos votassem. Talvez nenhum país europeu da época tivesse legislação tão liberal.

A eleição era indireta, feita em dois turnos. No primeiro, os votantes escolhiam os eleitores, na proporção de um eleitor para cada 100 domicílios. Os eleitores, que deviam ter renda de 200 mil-réis, elegiam os deputados e senadores. Os senadores eram eleitos em lista tríplice, da qual o imperador escolhia o candidato de sua preferência. Os senadores eram vitalícios, os deputados tinham mandato de quatro anos, a não ser que a Câmara fosse dissolvida antes. Nos municípios, os vereadores e juízes de paz eram eleitos pelos votantes em um só turno. Os presidentes de província eram de nomeação do governo central.

Esta legislação permaneceu quase sem alteração até 1881. Em tese, ela permitia que quase toda a população adulta masculina participasse da formação do governo. Na prática, o número de pessoas que votavam era também grande, se levados em conta os padrões dos países europeus. De acordo com o censo de 1872, 13% da população total, excluídos os escravos, votavam. Segundo cálculos do historiador Richard Graham, antes de 1881 votavam em torno de 50% da população adulta masculina. Para efeito de comparação, observe-se que em torno de 1870 a participação eleitoral na Inglaterra era de 7% da população total; na Itália, de 2%; em Portugal, de

9%; na Holanda, de 2,5%. O sufrágio universal masculino existia apenas na França e na Suíça, onde só foi introduzido em 1848. Participação mais alta havia nos Estados Unidos, onde, por exemplo, 18% da população votou para presidente em 1888. Mas, mesmo neste caso, a diferença não era tão grande.

Ainda pelo lado positivo, note-se que houve eleições ininterruptas de 1822 até 1930. Elas foram suspensas apenas em casos excepcionais e em locais específicos. Por exemplo, durante a guerra contra o Paraguai, entre 1865 e 1870, as eleições foram suspensas na província do Rio Grande do Sul, muito próxima do teatro de operações. A proclamação da República, em 1889, também interrompeu as eleições por muito pouco tempo; elas foram retomadas já no ano seguinte. A frequência das eleições era também grande, pois os mandatos de vereadores e juízes de paz eram de dois anos, havia eleições de senadores sempre que um deles morria, e a Câmara dos Deputados era dissolvida com frequência. Este era o lado formal dos direitos políticos. Ele, sem dúvida, representava grande avanço em relação à situação colonial. Mas é preciso perguntar pela parte substantiva. Como se davam as eleições? Que significavam elas na prática? Que tipo de cidadão era esse que se apresentava para exercer seu direito político? Qual era, enfim, o conteúdo real desse direito?

Não é difícil imaginar a resposta. Os brasileiros tornados cidadãos pela Constituição eram as mesmas pessoas que tinham vivido os três séculos de colonização nas condições que já foram descritas. Mais de 85% eram analfabetos, incapazes de ler um jornal, um decreto do governo, um alvará da justiça, uma postura municipal. Entre os analfabetos incluíam-se muitos dos grandes proprietários rurais. Mais de 90% da população viviam em áreas rurais, sob o controle ou a influência dos grandes proprietários. Nas cidades, muitos votantes eram funcionários públicos controlados pelo governo.

Nas áreas rurais e urbanas havia ainda o poder dos comandantes da Guarda Nacional. A Guarda era uma organização militarizada que abrangia toda a população adulta masculina. Seus oficiais eram indicados pelo governo central entre as pessoas mais ricas dos municípios. Nela combinavam-se as influências do governo e dos grandes proprietários e comerciantes. Era grande o poder de pressão de seus comandantes sobre os votantes que eram seus inferiores hierárquicos.

A maior parte dos cidadãos do novo país não tinha tido prática do exercício do voto durante a Colônia. Certamente, não tinha também noção do que fosse um governo representativo, do que significava o ato de escolher alguém como seu representante político. Apenas pequena parte da população urbana teria noção aproximada da natureza e do funcionamento das novas instituições. Até mesmo o patriotismo tinha alcance restrito. Para muitos, ele não ia além do ódio ao português, não era o sentimento de pertencer a uma pátria comum e soberana.

Mas votar, muitos votavam. Eram convocados às eleições pelos patrões, pelas autoridades do governo, pelos juízes de paz, pelos delegados de polícia, pelos párocos, pelos comandantes da Guarda Nacional. A luta política era intensa e violenta. O que estava em jogo não era o exercício de um direito de cidadão, mas o domínio político local. O chefe político local não podia perder as eleições. A derrota significava desprestígio e perda de controle de cargos públicos, como os de delegados de polícia, de juiz municipal, de coletor de rendas, de postos na Guarda Nacional. Tratava, então, de mobilizar o maior número possível de dependentes para vencer as eleições.

As eleições eram frequentemente tumultuadas e violentas. Às vezes eram espetáculos tragicômicos. O governo tentava sempre reformar a legislação para evitar a violência e a fraude, mas sem muito êxito. No período inicial, a formação das mesas eleitorais dependia da aclamação popular. Aparentemente, um procedimento muito democrático. Mas a consequência era que a votação primária acabava por ser decidida literalmente no grito. Quem gritava mais, formava as mesas, e as mesas faziam as eleições de acordo com os interesses de uma facção. Segundo um observador da época, Francisco Belisário Soares de Sousa, a turbulência, o alarido, a violência, a pancadaria decidiam o conflito. E imagine-se que tudo isto acontecia dentro das igrejas! Por precaução, as imagens eram retiradas para não servir de projéteis. Surgiram vários especialistas em burlar as eleições. O principal era o cabalista. A ele cabia garantir a inclusão do maior número possível de partidários de seu chefe na lista de votantes. Um ponto importante para a inclusão ou exclusão era a renda. Mas a lei não dizia como devia ser ela demonstrada. Cabia ao cabalista fornecer a prova, que em geral era o testemunho de alguém pago para jurar que o votante tinha renda legal.

O cabalista devia ainda garantir o voto dos alistados. Na hora de votar, os alistados tinham que provar sua identidade. Aí entrava outro personagem importante: o "fósforo". Se o alistado não podia comparecer por qualquer razão, inclusive por ter morrido, comparecia o fósforo, isto é, uma pessoa que se fazia passar pelo verdadeiro votante. Bem-falante, tendo ensaiado seu papel, o fósforo tentava convencer a mesa eleitoral de que era o votante legítimo. O bom fósforo votava várias vezes em locais diferentes, representando diversos votantes. Havia situações verdadeiramente cômicas. Podia acontecer aparecerem dois fósforos para representar o mesmo votante. Vencia o mais hábil ou o que contasse com claque mais forte. O máximo da ironia dava-se quando um fósforo disputava o direito de votar com o verdadeiro votante. Grande façanha era ganhar tal disputa. Se conseguia, seu pagamento era dobrado.

Outra figura importante era o capanga eleitoral. Os capangas cuidavam da parte mais truculenta do processo. Eram pessoas violentas a soldo dos chefes locais. Cabia-lhes proteger os partidários e, sobretudo, ameaçar e amedrontar os adversários, se possível evitando que comparecessem à eleição. Não raro entravam em choque com capangas adversários, provocando os "rolos" eleitorais de que está cheia a história do período. Mesmo no Rio de Janeiro, maior cidade do país, a ação dos capangas, frequentemente capoeiras, era comum. Nos dias de eleição, bandos armados saíam pelas ruas amedrontando os incautos cidadãos. Pode-se compreender que, nessas circunstâncias, muitos votantes não ousassem comparecer com receio de sofrer humilhações. Votar era perigoso.

Mas não acabavam aí as malandragens eleitorais. Em caso de não haver comparecimento de votantes, a eleição se fazia assim mesmo. A ata era redigida como se tudo tivesse acontecido normalmente. Eram as chamadas eleições feitas "a bico de pena", isto é, apenas com a caneta. Em geral, eram as que davam a aparência de maior regularidade, pois constava na ata que tudo se passara sem violência e absolutamente de acordo com as leis.

Nestas circunstâncias, o voto tinha um sentido completamente diverso daquele imaginado pelos legisladores. Não se tratava do exercício do autogoverno, do direito de participar na vida política do país. Tratava-se de uma ação estritamente relacionada com as lutas locais. O votante não agia como parte de uma sociedade política, de um partido político, mas como dependente de um chefe local, ao qual obedecia com maior ou menor fidelidade. O voto era um ato de obediência forçada ou, na melhor das hipóteses, um ato de lealdade e de gratidão. À medida que o votante se dava conta da importância do voto para os chefes políticos, ele começava a barganhar mais, a vendê-lo mais caro. Nas cidades, onde a dependência social do votante era menor, o preço do voto subia mais rápido. Os chefes não podiam confiar apenas na obediência e lealdade, tinham que pagar pelo voto. O pagamento podia ser feito de várias formas: em dinheiro, roupa, alimentos, animais. A crescente independência do votante exigia também do chefe político precauções adicionais para não ser enganado. Por meio dos cabalistas, mantinha seus votantes reunidos e vigiados em barracões, ou currais, onde lhes dava farta comida e bebida até a hora de votar. O cabalista só deixava o votante após ter este lançado seu voto. Os votantes aprendiam também a negociar o voto com mais de um chefe. Alguns conseguiam vendê-lo a mais de um cabalista, vangloriando-se do feito. O voto neste caso não era mais expressão de obediência e lealdade, era mercadoria a ser vendida pelo melhor preço. A eleição era a oportunidade para ganhar um dinheiro fácil, uma roupa, um chapéu novo, um par de sapatos. No mínimo, uma boa refeição.

O encarecimento do voto e a possibilidade de fraude generalizada levaram à crescente reação contra o voto indireto e a uma campanha pela introdução do voto direto. Da parte de alguns políticos, havia interesse genuíno pela correção do ato de votar. Incomodava-os, sobretudo, a grande influência que o governo podia exercer nas eleições por meio de seus agentes em aliança com os chefes locais. Nenhum ministério perdia eleições, isto é, nenhum se via diante de maioria oposicionista na Câmara. Nenhum ministro de Estado era derrotado nas urnas. Para outros, no entanto, o que preocupava era o excesso de participação popular nas eleições. Alegavam que a culpa da corrupção estava na falta de preparação dos votantes analfabetos, ignorantes, inconscientes. A proposta de eleição direta para esses políticos tinha como pressuposto o aumento das restrições ao direito do voto. Tratava-se, sobretudo, de reduzir o eleitorado à sua parte mais educada, mais rica e, portanto, mais independente. Junto com a eliminação dos dois turnos, propunham-se o aumento da exigência de renda e a proibição do voto do analfabeto.

Havia ainda uma razão material para combater o voto ampliado. Os proprietários rurais queixavam-se do custo crescente das eleições. A vitória era importante para manter seu prestígio e o apoio do governo. Para ganharem, precisavam manter um grande número de dependentes para os quais não tinham ocupação econômica, cuja única finalidade era votar na época de eleições. Além disso, como vimos, o votante ficava cada vez mais esperto e exigia pagamentos cada vez maiores. O interesse desses proprietários era baratear as eleições sem pôr em risco a vitória. O meio para isso era reduzir o número de votantes e a competitividade das eleições. A eleição ideal para eles era a de "bico de pena": barata, garantida, "limpa".

Além da participação eleitoral, houve, após a independência, outras formas de envolvimento dos cidadãos com o Estado. A mais importante era o serviço do júri. Pertencer ao corpo de jurados era participar diretamente do Poder Judiciário. Essa participação tinha alcance menor, pois exigia alfabetização. Mas, por outro lado, era mais intensa, de vez que havia duas sessões do júri por ano, cada uma de 15 dias. Em torno de 80 mil pessoas exerciam a função de jurado em 1870. A prática também estava longe de corresponder à intenção da lei, mas quem participava do júri sem dúvida se aproximava do exercício do poder e adquiria alguma noção do papel da lei. A Guarda Nacional, criada em 1831, era sobretudo um mecanismo de cooptar os proprietários rurais, mas servia também para transmitir aos guardas algum sentido de disciplina e de exercício de autoridade legal. Estavam sujeitas ao serviço da Guarda quase as mesmas pessoas que eram obrigadas a votar. Experiência totalmente negativa era o serviço militar no Exército e na Marinha. O caráter violento do recrutamento, o serviço prolongado, a vida dura do quartel, de que fazia parte o castigo físico, tornavam o serviço militar — em outros países, símbolo do dever cívico — um tormento de que todos procuravam fugir.

A forma mais intensa de envolvimento, no entanto, foi a que se deu durante a guerra contra o Paraguai. As guerras são fatores importantes na criação de identidades nacionais. A do Paraguai teve sem dúvida este efeito. Para muitos brasileiros, a ideia de pátria não tinha materialidade, mesmo após a independência. Vimos que existiam no máximo identidades regionais. A guerra veio alterar a situação. De repente havia um estrangeiro inimigo que, por oposição, gerava o sentimento de identidade brasileira. São abundantes as indicações do surgimento dessa nova identidade, mesmo que ainda em esboço. Podem-se mencionar a apresentação de milhares de voluntários no início da guerra, a valorização do hino e da bandeira, as canções e poesias populares. Caso marcante foi o de Jovita Feitosa, mulher que se vestiu de homem para ir à guerra a fim de vingar as mulheres brasileiras injuriadas pelos paraguaios. Foi exaltada como a Joana d'Arc nacional. Lutaram no Paraguai cerca de 135 mil brasileiros, muitos deles negros, inclusive libertos.

1881: TROPEÇO

Em 1881, a Câmara dos Deputados aprovou lei que introduzia o voto direto, eliminando o primeiro turno das eleições. Não haveria mais, daí em diante, votantes, haveria apenas eleitores. Ao mesmo tempo, a lei passava para 200 mil-réis a exigência de renda, proibia o voto dos analfabetos e tornava o voto facultativo. A lei foi aprovada por uma Câmara unanimemente liberal, em que não havia um só deputado conservador. Foram poucas as vozes que protestaram contra a mudança. Entre elas, a do deputado Joaquim Nabuco, que atribuiu a culpa da corrupção eleitoral não aos votantes, mas aos candidatos, aos cabalistas, às classes superiores. Outro deputado, Saldanha Marinho, foi contundente: "Não tenho receio do voto do povo, tenho receio do corruptor." Um terceiro deputado, José Bonifácio, o Moço, afirmou, retórica mas corretamente, que a lei era um erro de sintaxe política, pois criava uma oração política sem sujeito, um sistema representativo sem povo.

O limite de renda estabelecido pela nova lei, 200 mil-réis, ainda não era muito alto. Mas a lei era muito rígida no que se referia à maneira de demonstrar a renda. Não bastavam declarações de terceiros, como anteriormente, nem mesmo dos empregadores. Muitas pessoas com renda suficiente deixavam de votar por não conseguirem provar seus rendimentos ou por não estarem dispostas a ter o trabalho de prová-los. Mas onde a lei de fato limitou o voto foi ao excluir os analfabetos. A razão é simples: somente 15% da população era alfabetizada, ou 20%, se considerarmos apenas a população masculina. De imediato, 80% da população masculina era excluída do direito de voto.

As consequências logo se refletiram nas estatísticas eleitorais. Em 1872, havia mais de 1 milhão de votantes, correspondentes a 13% da população livre. Em 1886, votaram nas eleições parlamentares pouco mais de 100 mil eleitores, ou 0,8% da população total. Houve um corte de quase 90% do eleitorado. O dado é alarmante, sobretudo se lembrarmos que a tendência de todos os países europeus da época era na direção de ampliar os direitos políticos. A Inglaterra, sempre olhada como exemplo pelas elites brasileiras, fizera reformas importantes em 1832, em 1867 e em 1884, expandindo o eleitorado de 3% para cerca de 15%. Com a lei de 1881, o Brasil caminhou para trás, perdendo a vantagem que adquirira com a Constituição de 1824.

O mais grave é que o retrocesso foi duradouro. A proclamação da República, em 1889, não alterou o quadro. A República, de acordo com seus propagandistas, sobretudo aqueles que se inspiravam nos ideais da Revolução Francesa, deveria representar a instauração do governo do país pelo povo, por seus cidadãos, sem a interferência dos privilégios monárquicos. No entanto, apesar das expectativas levantadas entre os que tinham sido excluídos pela lei de 1881, pouca coisa mudou com o novo regime. Pelo lado legal, a Constituição republicana de 1891 eliminou apenas a exigência da renda de 200 mil-réis, que, como vimos, não era muito alta. A principal barreira ao voto, a exclusão dos analfabetos, foi mantida. Continuavam também a não votar as mulheres, os mendigos, os soldados, os membros das ordens religiosas.

Não é, então, de estranhar que o número de votantes tenha permanecido baixo. Na primeira eleição popular para a presidência da República, em 1894, votaram 2,2% da população. Na última eleição presidencial da Primeira República, em 1930, quando o voto universal, inclusive feminino, já fora adotado pela maioria dos países europeus, votaram no Brasil 5,6% da população. Nem mesmo o período de grandes reformas inaugurado em 1930 foi capaz de superar os números de 1872. Somente na eleição presidencial de 1945 é que compareceram às urnas 13,4% dos brasileiros, número ligeiramente superior ao de 1872.

O Rio de Janeiro, capital do país, também dava mau exemplo. Em 1890, a cidade tinha mais de 500 mil habitantes, e pelo menos metade deles era alfabetizada. Mesmo assim, na eleição presidencial de 1894 votaram apenas 7.857 pessoas, isto é, 1,3% da população. Em 1910, 21 anos após a proclamação da República, a porcentagem desceu para 0,9%, menor do que a média nacional. Em contraste, em Nova York, em 1888, a participação eleitoral chegou a 88% da população adulta masculina. Lima Barreto publicou um romance satírico chamado *Os Bruzundangas*, no qual descreve uma república imaginária em que "os políticos práticos tinham conseguido quase totalmente eliminar do aparelho eleitoral este elemento perturbador — o voto". A república dos Bruzundangas se parecia muito com a república dos brasileiros.

Do ponto de vista da representação política, a Primeira República (1889-1930) não significou grande mudança. Ela introduziu a federação de acordo com o modelo dos Estados Unidos. Os presidentes dos estados (antigas províncias) passaram a ser eleitos pela população. A descentralização tinha o efeito positivo de aproximar o governo da população via eleição de presidentes de estado e prefeitos. Mas a aproximação se deu sobretudo com as elites locais. A descentralização facilitou a formação de sólidas oligarquias estaduais, apoiadas em partidos únicos, também estaduais. Nos casos de maior êxito, essas oligarquias conseguiram envolver todos os mandões locais, bloqueando qualquer tentativa de oposição política. A aliança das oligarquias dos grandes estados, sobretudo de São Paulo e Minas Gerais, permitiu que mantivessem o controle da política nacional até 1930.

A Primeira República ficou conhecida como "república dos coronéis". Coronel era o posto mais alto na hierarquia da Guarda Nacional. O coronel da Guarda era sempre a pessoa mais poderosa do município. Já no Império ele exercia grande influência política. Quando a Guarda perdeu sua natureza militar, restou-lhe o poder político de seus chefes. Coronel passou, então, a indicar simplesmente o chefe político local. O coronelismo era a aliança desses chefes com os presidentes dos estados e desses com o presidente da República. Nesse paraíso das oligarquias, as práticas eleitorais fraudulentas não podiam desaparecer. Elas foram aperfeiçoadas. Nenhum coronel aceitava perder as eleições. Os eleitores continuaram a ser coagidos, comprados, enganados ou simplesmente excluídos. Os historiadores do período concordam em afirmar que não havia eleição limpa. O voto podia ser fraudado na hora de ser lançado na urna, na hora de ser apurado ou na hora do reconhecimento do eleito. Nos estados em que havia maior competição entre oligarquias, elegiam-se às vezes duas assembleias estaduais e duas bancadas federais, cada qual alegando ser a legítima representante do povo. A Câmara federal reconhecia como deputados os que apoiassem o governador e o presidente da República, e tachava os demais pretendentes de ilegítimos.

Continuaram a atuar os cabalistas, os capangas, os fósforos. Continuaram as eleições "a bico de pena". Dez anos depois da proclamação da República, um adversário do regime dizia que quando as atas eleitorais afirmavam que tinham comparecido muitos eleitores podia-se ter a certeza de que se tratava de uma eleição "a bico de pena". Os resultados eleitorais eram às vezes absurdos, sem nenhuma relação com o tamanho do eleitorado. Com razão dizia um jornalista em 1915 que todos sabiam que "o exercício da soberania popular é uma fantasia e ninguém a toma a sério". Mas, apesar de todas as leis que restringiam o direito do voto e de todas as práticas que deturpavam o voto dado, não houve no Brasil, até 1930, movimentos populares exigindo maior participação eleitoral. A única exceção foi o movimento pelo voto feminino, valente mas limitado. O voto feminino acabou sendo introduzido após a revolução de 1930, embora não constasse do programa dos revolucionários.

Pode-se perguntar se não tinham alguma razão os que defendiam desde 1881 a limitação do direito do voto com base no argumento de que o povo não tinha condições de o exercer adequadamente. Vimos que, de fato, não houve experiência política prévia que preparasse o cidadão para exercer suas obrigações cívicas. Nem mesmo a independência do país teve participação popular significativa. Este povo não seria de fato um fator perturbador das eleições por não dispor de independência suficiente para escapar às pressões do governo e dos grandes proprietários? Não era este o argumento usado em muitos países europeus para limitar o exercício do voto? O grande liberal John Stuart-Mill não exigia que o cidadão soubesse ler, escrever e fazer as operações aritméticas básicas para poder votar?

Os críticos da participação popular cometeram vários equívocos. O primeiro era achar que a população saída da dominação colonial portuguesa pudesse, de uma hora para outra, comportar-se como cidadãos atenienses ou como cidadãos das pequenas comunidades norte-americanas. O Brasil não passara por nenhuma revolução, como a Inglaterra, os Estados Unidos, a França. O processo de aprendizado democrático tinha que ser, por força, lento e gradual. O segundo equívoco já fora apontado por alguns opositores da reforma da eleição direta, como Joaquim Nabuco e Saldanha Marinho. Quem era menos preparado para a democracia, o povo ou o governo e as elites? Quem forçava os eleitores, quem comprava votos, quem fazia atas falsas, quem não admitia derrota nas urnas? Eram os grandes proprietários, os oficiais da Guarda Nacional, os chefes de polícia e seus delegados, os juízes, os presidentes das províncias ou estados, os chefes dos partidos nacionais ou estaduais. Até mesmo os membros mais esclarecidos da elite política nacional, bons conhecedores das teorias do governo representativo, quando se tratava de fazer política prática recorriam aos métodos fraudulentos ou eram coniventes com os que os praticavam.

O terceiro equívoco era desconhecer que as práticas eleitorais em países considerados modelos, como a Inglaterra, eram tão corruptas como no Brasil. Mesmo após as grandes reformas inglesas, continuaram a existir os "burgos podres", dominados por décadas pelo mesmo político ou pela mesma família. A Inglaterra tinha construído ao longo de séculos um sistema representativo de governo que estava longe de ser democrático, de incorporar o grosso da população. Foi ao longo do século XIX que esta incorporação se deu, e não faltaram políticos, conservadores e liberais, que consideravam inconveniente a extensão dos votos aos operários. Um liberal, Robert Lowe, dizia que as classes operárias eram impulsivas, irrefletidas, violentas, dadas a venalidade, ignorância e bebedeiras. Sua incorporação ao sistema político, acrescentava, levaria ao rebaixamento e corrupção da vida pública. A diferença é que na Inglaterra houve pressão popular pela expansão do voto. Essa pressão forçou a elite a democratizar a participação. Havia lá, já no século XIX, um povo político, ausente entre nós.

O quarto e último equívoco era achar que o aprendizado do exercício dos direitos políticos pudesse ser feito por outra maneira que não sua prática continuada e um esforço por parte do governo de difundir a educação primária. Pode-se mesmo argumentar que os votantes agiam com muita racionalidade ao usarem o voto como mercadoria e ao vendê-lo cada vez mais caro. Este era o sentido que podiam dar ao voto, era sua maneira de valorizá-lo. De algum modo, apesar de sua percepção deturpada, ao votarem, as pessoas tomavam conhecimento da existência de um poder que vinha de fora do pequeno mundo da grande propriedade, um poder que elas podiam usar contra os mandões locais. Já havia aí, em germe, um aprendizado político, cuja prática constante levaria ao aperfeiçoamento cívico. O ganho que a limitação do voto poderia trazer para a lisura das eleições era ilusório. A interrupção do aprendizado só poderia levar, como levou, ao retardamento da incorporação dos cidadãos à vida política.

DIREITOS CIVIS SÓ NA LEI

A herança colonial pesou mais na área dos direitos civis. O novo país herdou a escravidão, que negava a condição humana do escravo, herdou a grande propriedade rural, fechada à ação da lei, e herdou um Estado comprometido com o poder privado. Esses três empecilhos ao exercício da cidadania civil revelaram-se persistentes. A escravidão só foi abolida em 1888, a grande propriedade ainda exerce seu poder em algumas áreas do país, e a desprivatização do poder público é tema da agenda atual de reformas.

A *escravidão*

A escravidão estava tão enraizada na sociedade brasileira que não foi colocada seriamente em questão até o final da guerra contra o Paraguai. A Inglaterra exigiu, como parte do preço do reconhecimento da independência, a assinatura de um tratado que incluía a proibição do tráfico de escravos. O tratado foi ratificado em 1827. Em obediência a suas exigências, foi votada em 1831 uma lei que considerava o tráfico como pirataria. Mas a lei não teve efeito prático. Antes de ser votada, houve grande aumento de importação de escravos, o que permitiu certa redução nas entradas logo após sua aprovação. Mas não demorou até que as importações crescessem de novo. Dessa primeira lei contra o tráfico surgiu a expressão "lei para inglês ver", significando uma lei, ou promessa, que se faz apenas por formalidade, sem intenção de a pôr em prática.

A Inglaterra voltou a pressionar o Brasil na década de 1840, quando se devia decidir sobre a renovação do tratado de comércio de 1827. Desta vez o governo inglês usou a força, mandando sua Marinha apreender navios dentro das águas territoriais brasileiras. Em 1850, a Marinha inglesa invadiu portos brasileiros para afundar navios suspeitos de transportar escravos. Só então o governo decidiu interromper o tráfico de maneira efetiva.

Calcula-se que, desde o início do tráfico até 1850, tenham entrado no Brasil 4 milhões de escravos. Sua distribuição era desigual. De início, nos séculos XVI e XVII, concentravam-se na região produtora de açúcar, sobretudo Pernambuco e Bahia. No século XVIII, um grande número foi levado para a região de exploração do ouro, em Minas Gerais. A partir da segunda década do século XIX, concentraram-se na região do café, que incluía Rio de Janeiro, Minas Gerais e São Paulo.

Depois da abolição do tráfico, os políticos só voltaram a falar no assunto ao final da guerra contra o Paraguai. Durante o conflito, a escravidão revelara-se motivo de grande constrangimento para o país. O Brasil tornou-se objeto das críticas do inimigo e mesmo dos aliados. Além disso, a escravidão mostrara-se perigosa para a defesa nacional, pois impedia a formação de um exército de cidadãos e enfraquecia a segurança interna. Por iniciativa do imperador, com o apoio da imprensa e a ferrenha resistência dos fazendeiros, o gabinete chefiado pelo visconde do Rio Branco conseguiu fazer aprovar, em 1871, a lei que libertava os filhos de escravos que nascessem daí em diante. Apesar da oposição dos escravistas, a lei era pouco radical. Permitia aos donos dos "ingênuos", isto é, dos que nascessem livres, beneficiar-se de seu trabalho gratuito até 21 anos de idade.

A abolição final só começou a ser discutida no Parlamento em 1884. Só então, também, surgiu um movimento popular abolicionista. A abolição veio em 1888, um ano depois que a Espanha a fizera em Cuba. O Brasil era o último país de tradição cristã e ocidental a libertar os escravos. E o fez quando o número de escravos era pouco significativo. Na época da independência, os escravos representavam 30% da população. Em 1873, havia 1,5 milhão de escravos, 15% dos brasileiros.

Às vésperas da abolição, em 1887, os escravos não passavam de 723 mil, apenas 5% da população do país. Se considerarmos que nos Estados Unidos, às vésperas da guerra civil, havia quase 4 milhões de escravos, mais que o dobro dos existentes no Brasil, pode-se perguntar se a influência da escravidão não foi maior lá e se não seria exagerada a importância que se dá a ela no Brasil como obstáculo à expansão dos direitos civis.

A resposta pode ser dada em duas partes. A primeira é que a escravidão era mais difundida no Brasil do que nos Estados Unidos. Lá ela se limitava aos estados do sul, sobretudo os produtores de algodão. O resto do país não tinha escravos. A principal razão da guerra civil de 1860 foi a disputa sobre a introdução ou não da escravidão nos novos estados que se formavam. Esta separação significava que havia uma linha divisória entre liberdade e escravidão. A linha era geográfica. O escravo que fugia do sul para o norte, atravessando, por exemplo, o rio Ohio, escapava da escravidão para a liberdade. Havia até mesmo um movimento, chamado *Underground Railway*, que se ocupava de ajudar os escravos a fugirem para o norte.

No Brasil, não havia como fugir da escravidão. Se é verdade que os escravos se distribuíam de maneira desigual pelo país, é também verdade que havia escravos no país inteiro, em todas as províncias, no campo e nas cidades. Havia escravos que fugiam e organizavam quilombos. Alguns quilombos tiveram longa duração, como o de Palmares, no nordeste do país. Mas a maioria dos quilombos durava pouco porque era logo atacada por forças do governo ou de particulares. Os quilombos que sobreviviam mais tempo acabavam mantendo relações com a sociedade que os cercava, e esta sociedade era escravista. No próprio quilombo dos Palmares havia escravos. Não existiam linhas geográficas separando a escravidão da liberdade.

Acrescente-se a isto o fato de que a posse de escravos era muito difundida. Havia propriedades com grandes plantéis, mas havia também muitos proprietários de poucos escravos. Mesmo em áreas de maior concentração de escravos, como Minas Gerais, a média de escravos por proprietário era de três ou quatro. Nas cidades, muitas pessoas possuíam apenas um escravo que alugavam como fonte de renda. Em geral, eram pessoas pobres, viúvas, que tinham no escravo alugado seu único sustento. O aspecto mais contundente da difusão da propriedade escrava revela-se no fato de que muitos libertos possuíam escravos. Testamentos examinados por Kátia Mattoso mostram que 78% dos libertos da Bahia possuíam escravos. Na Bahia, em Minas Gerais e em outras províncias, dava-se até mesmo o fenômeno extraordinário de escravos possuírem escravos. De acordo com o depoimento de um escravo brasileiro que fugiu para os Estados Unidos, no Brasil "as pessoas de cor, tão logo tivessem algum poder, escravizariam seus companheiros, da mesma forma que o homem branco".

Esses dados são perturbadores. Significam que os valores da escravidão eram aceitos por quase toda a sociedade. Mesmo os escravos, embora lutassem pela própria liberdade, embora repudiassem sua escravidão, uma vez libertos admitiam escravizar os outros. Que os senhores achassem normal ou necessária a escravidão pode entender-se. Que libertos o fizessem é matéria para reflexão. Tudo indica que os valores da liberdade individual, base dos direitos civis, tão caros à modernidade europeia e aos fundadores da América do Norte, não tinham grande peso no Brasil.

É sintomático que o novo pensamento abolicionista, seguindo tradição portuguesa, se baseasse em argumentos distintos dos abolicionismos europeu e norte-americano. O abolicionismo anglo-saxônico teve como fontes principais a religião e a Declaração de Direitos. Foram os *quakers* os primeiros a interpretar o cristianismo como sendo uma religião da liberdade, incompatível com a escravidão. A interpretação tradicional dos católicos, vigente em Portugal e no Brasil, era que a Bíblia admitia a escravidão, que o cristianismo não a condenava. A escravidão que se devia evitar era a da alma, causada pelo pecado, e não a escravidão do corpo. O pecado, este sim, é que era a verdadeira escravidão. Os *quakers* inverteram esta posição, dizendo que a escravidão é que era o pecado, e com base nessa afirmação iniciaram longa e tenaz luta pela abolição, primeiro do tráfico, depois da própria escravidão.

As ideias e valores que inspiraram os textos básicos da fundação dos Estados Unidos eram também fonte segura para justificar a luta contra a escravidão. Se a liberdade era um direito inalienável de todos, como dizia a Declaração de Independência, não havia como negá-la a uma parte da população, a não ser que se negasse condição humana a essa parte. Os pensadores sulistas que justificaram a escravidão, como George Fitzhugh, tiveram que partir de uma premissa que negava a igualdade estabelecida nos textos constitucionais. Para eles, as pessoas eram naturalmente desiguais, justificando-se o domínio dos superiores sobre os inferiores.

No Brasil, a religião católica, que era oficial, não combatia a escravidão. Conventos, clérigos das ordens religiosas e padres seculares, todos possuíam escravos. Alguns padres não se contentavam em possuir legalmente suas escravas, eles as possuíam também sexualmente e com elas se amigavam. Alguns filhos de padres com escravas chegaram a posições importantes na política do Império. O grande abolicionista José do Patrocínio era um deles. Com poucas exceções, o máximo que os pensadores luso-brasileiros encontravam na Bíblia em favor dos escravos era a exortação de São Paulo aos senhores no sentido de tratá-los com justiça e equidade.

Fora do campo religioso, o principal argumento que se apresentava no Brasil em favor da abolição era o que podíamos chamar de razão nacional, em oposição à razão individual dos casos europeu e norte-americano. A razão nacional foi usada por José Bonifácio, que dizia ser a escravidão obstáculo à formação de uma verdadeira nação, pois mantinha parcela da população subjugada a outra parcela como inimigas entre si. Para ele, a escravidão impedia a integração social e política do país e a formação de forças armadas poderosas. Dizia, como o fez também Joaquim Nabuco, que a escravidão bloqueava o desenvolvimento das classes sociais e do mercado de trabalho, causava o crescimento exagerado do Estado e do número dos funcionários públicos, falseava o governo representativo.

O argumento da liberdade individual como direito inalienável era usado com pouca ênfase, não tinha a força que lhe era característica na tradição anglo-saxônica. Não o favorecia a interpretação católica da Bíblia, nem a preocupação da elite com o Estado nacional. Vemos aí a presença de uma tradição cultural distinta, que poderíamos chamar de ibérica, alheia ao iluminismo libertário, à ênfase nos direitos naturais, à liberdade individual. Essa tradição insistia nos aspectos comunitários da vida religiosa e política, insistia na supremacia do todo sobre as partes, da cooperação sobre a competição e o conflito, da hierarquia sobre a igualdade.

Havia nela características positivas, como a visão comunitária da vida. Mas a influência do Estado absolutista, em Portugal, acrescida da influência da escravidão, no Brasil, deturpou-a. Não podendo haver comunidade de cidadãos em

Estado absolutista, nem comunidade humana em plantação escravista, o que restava da tradição comunitária eram apelos, quase sempre ignorados, em favor de um tratamento benevolente dos súditos e dos escravos. O melhor que se podia obter nessas circunstâncias era o paternalismo do governo e dos senhores. O paternalismo podia minorar sofrimentos individuais, mas não podia construir uma autêntica comunidade e muito menos uma cidadania ativa.

Tudo isso se refletiu no tratamento dado aos ex-escravos após a abolição. Foram pouquíssimas as vozes que insistiram na necessidade de assistir os libertos, dando-lhes educação e emprego, como foi feito nos Estados Unidos. Lá, após a guerra, congregações religiosas e o governo, por meio do Freedmen's Bureau, fizeram grande esforço para educar os ex-escravos. Em 1870, havia 4.325 escolas para libertos, entre as quais uma universidade, a de Howard. Foram também distribuídas terras aos libertos e foi incentivado seu alistamento eleitoral. Muitas dessas conquistas se perderam após o fim da intervenção militar no sul. A luta pelos direitos civis teve que ser retomada 100 anos depois. Mas a semente tinha sido lançada, e os princípios orientadores da ação estavam lá.

No Brasil, aos libertos não foram dadas nem escolas, nem terras, nem empregos. Passada a euforia da libertação, muitos ex-escravos regressaram a suas fazendas ou a fazendas vizinhas para retomar o trabalho por baixo salário. Dezenas de anos após a abolição, os descendentes de escravos ainda viviam nas fazendas, uma vida pouco melhor do que a de seus antepassados escravos. Outros se dirigiram às cidades, como o Rio de Janeiro, onde foram engrossar a grande parcela da população sem emprego fixo. Onde havia dinamismo econômico provocado pela expansão do café, como em São Paulo, os novos empregos, tanto na agricultura como na indústria, foram ocupados pelos milhares de imigrantes italianos que o governo atraía para o país. Lá, os ex-escravos foram expulsos ou relegados aos trabalhos mais brutos e mais mal pagos.

As consequências disso foram duradouras para a população negra. Até hoje essa população ocupa posição inferior em todos os indicadores de qualidade de vida. É a parcela menos educada da população, com os empregos menos qualificados, os menores salários, os piores índices de ascensão social. Nem mesmo o objetivo dos defensores da razão nacional de formar uma população homogênea, sem grandes diferenças sociais, foi atingido. A população negra teve que enfrentar sozinha o desafio da ascensão social, e frequentemente precisou fazê-lo por rotas originais, como o esporte, a música e a dança. Esporte, sobretudo o futebol, música, sobretudo o samba, e dança, sobretudo o carnaval, foram os principais canais de ascensão social dos negros até recentemente.

As consequências da escravidão não atingiram apenas os negros. Do ponto de vista que aqui nos interessa — a formação do cidadão —, a escravidão afetou tanto o escravo como o senhor. Se o escravo não desenvolvia a consciência de seus direitos civis, o senhor tampouco o fazia. O senhor não admitia os direitos dos escravos e exigia privilégios para si próprio. Se um estava abaixo da lei, o outro se considerava acima. A libertação dos escravos não trouxe consigo a igualdade efetiva. Essa igualdade era afirmada nas leis mas negada na prática. Ainda hoje, apesar das leis, aos privilégios e arrogância de poucos correspondem o desfavorecimento e a humilhação de muitos.

A grande propriedade

O outro grande obstáculo à expansão da cidadania, herdado da Colônia, era a grande propriedade rural. Embora profundamente ligada à escravidão, ela deve ser tratada em separado porque tinha características próprias e teve vida muito mais longa. Se é possível argumentar que os efeitos da escravidão ainda se fazem sentir no Brasil de hoje, a grande propriedade ainda é uma realidade em várias regiões do país. No Nordeste e nas áreas recém-colonizadas do Norte e Centro-Oeste, o grande proprietário e coronel político ainda age como se estivesse acima da lei e mantém controle rígido sobre seus trabalhadores.

Até 1930, o Brasil ainda era um país predominantemente agrícola. Segundo o censo de 1920, apenas 16,6% da população vivia em cidades de 20 mil habitantes ou mais (não houve censo em 1930), e 70% se ocupava em atividades agrícolas. A economia passava pela fase que se convencionou chamar de "voltada para fora", orientada para a exportação. Exportação de produtos primários, naturalmente. No caso do Brasil, esses produtos eram agrícolas. A economia do ouro dominara a primeira parte do século XVIII, mas ao final do século já quase desaparecera. Na primeira década após a independência, três produtos eram responsáveis por quase 70% das exportações: o açúcar (30%), o algodão (21%) e o café (18%). Na última década do Império, as únicas alterações nesse quadro foram a subida do café para o primeiro lugar, o que se deu na década de 1830, e o aumento da participação dos três produtos para 82% do total, o café com 60%, o açúcar, 12%, e o algodão, 10%.

A Primeira República foi dominada economicamente pelos estados de São Paulo e Minas Gerais, cuja riqueza, sobretudo de São Paulo, era baseada no café. Esse produto tinha migrado do Rio de Janeiro para o sul de Minas e oeste de São Paulo, onde terras mais férteis e o trabalho livre de imigrantes europeus multiplicaram a produção. Um dos problemas econômicos recorrentes da Primeira República era a superprodução do café. Os governos federal e dos estados produtores introduziram em 1906 programas de defesa do preço do café, ameaçado pela superprodução. Quando as economias centrais entraram em colapso como consequência da crise da Bolsa de Valores de Nova York em 1929, o principal choque sofrido pelo Brasil foi a redução à metade dos preços do café e a impossibilidade de vender os estoques. A crise econômica que se seguiu foi um dos motivos que levaram ao movimento político-militar que pôs termo à Primeira República.

Na sociedade rural dominavam os grandes proprietários, que antes de 1888 eram também, na grande maioria, proprietários de escravos. Eram eles, frequentemente em aliança com comerciantes urbanos, que sustentavam a política do coronelismo. Havia, naturalmente, variações no poder dos coronéis em sua capacidade de controlar a terra e a mão de obra. O controle era mais forte no Nordeste, sobretudo nas regiões de produção de açúcar. Aí se podiam encontrar as oligarquias mais sólidas, formadas por um pequeno grupo de famílias. No interior do Nordeste, zona de criação de gado, também havia grandes proprietários. No estado da Bahia, eles eram poderosos a ponto de fugirem ao controle do governo do estado. Em certo momento, o governo federal foi obrigado a intervir no estado como mediador entre os coronéis e o governo estadual. Os coronéis baianos formavam pequenos estados dentro do estado. Em suas fazendas, e nas de seus iguais em outros estados, o braço do governo não entrava.

O controle não era tão intenso nas regiões cafeeiras e de produção de laticínios, como São Paulo e Minas Gerais. Em São Paulo, particularmente, a entrada maciça de imigrantes europeus possibilitou as primeiras greves de trabalhadores rurais e o início da divisão das grandes propriedades. Em Minas, os coronéis eram poderosos, mas já necessitavam do poder do Estado para atender a seus interesses. Foi em São Paulo e Minas que o coronelismo, como sistema político, atingiu a perfeição e contribuiu para o domínio que os dois estados exerceram sobre a federação. Os coronéis articulavam-se com os governadores, que se articulavam com o presidente da República, quase sempre oriundo dos dois estados.

O poder dos coronéis era menor na periferia das economias de exportação e nas áreas de pequena propriedade, como nas colônias de imigrantes europeus do Sul. Foi nessas regiões que se deram as maiores revoltas populares durante o período da Regência (1831-1840) e onde se verificaram movimentos messiânicos e de banditismo já na República. Para listar só os últimos, a revolta de Canudos se deu no interior da Bahia; a do Contestado, em áreas novas do Paraná; a do Padre Cícero, no Ceará. Nas áreas de forte controle oligárquico só podia haver guerras entre coronéis; nas de controle médio, as perturbações da ordem oligárquica eram raras.

O coronelismo não era apenas um obstáculo ao livre exercício dos direitos políticos. Ou melhor, ele impedia a participação política porque antes negava os direitos civis. Nas fazendas, imperava a lei do coronel, criada por ele, executada por ele. Seus trabalhadores e dependentes não eram cidadãos do Estado brasileiro, eram súditos dele. Quando o Estado se aproximava, ele o fazia dentro do acordo coronelista, pelo qual o coronel dava seu apoio político ao governador em troca da indicação de autoridades, como o delegado de polícia, o juiz, o coletor de impostos, o agente do correio, a professora primária. Graças ao controle desses cargos, o coronel podia premiar os aliados, controlar sua mão de obra e fugir dos impostos. Fruto dessa situação eram as figuras do "juiz nosso" e do "delegado nosso" expressões de uma justiça e de uma polícia postas a serviço do poder privado.

O que significava tudo isso para o exercício dos direitos civis? Sua impossibilidade. A justiça privada ou controlada por agentes privados é a negação da justiça. O direito de ir e vir, o direito de propriedade, a inviolabilidade do lar, a proteção da honra e da integridade física, o direito de manifestação, ficavam todos dependentes do poder do coronel. Seus amigos e aliados eram protegidos, seus inimigos eram perseguidos ou ficavam simplesmente sujeitos aos rigores da lei. Os dependentes dos coronéis não tinham outra alternativa senão colocar-se sob sua proteção. Várias expressões populares descreviam a situação: "Para os amigos, pão; para os inimigos, pau." Ou então: "Para os amigos, tudo; para os inimigos, a lei."

A última expressão é reveladora. A lei, que devia ser a garantia da igualdade de todos, acima do arbítrio do governo e do poder privado, algo a ser valorizado, respeitado, mesmo venerado, tornava-se apenas instrumento de castigo, arma contra os inimigos, algo a ser usado em benefício próprio. Não havia justiça, não havia poder verdadeiramente público, não havia cidadãos civis. Nessas circunstâncias, não poderia haver cidadãos políticos. Mesmo que lhes fosse permitido votar, eles não teriam as condições necessárias para o exercício independentemente do direito político.

A *cidadania operária*

Se os principais obstáculos à cidadania, sobretudo civil, eram a escravidão e a grande propriedade rural, o surgimento de uma classe operária urbana deveria significar a possibilidade da formação de cidadãos mais ativos. A urbanização evoluiu lentamente no período, concentrando-se em algumas capitais de estados. Como vimos, em 1920 apenas 16,6% da população vivia em cidades de 20 mil habitantes ou mais. Os dois principais centros urbanos eram o Rio de Janeiro, com 790 mil habitantes, e São Paulo, com 579 mil. O crescimento do estado e da capital de São Paulo foi maior devido à grande entrada de imigrantes, sobretudo italianos. No período entre 1884 e 1920 entraram no Brasil cerca de 3 milhões. Desses, 1,8 milhão foi para São Paulo. Muitos imigrantes dirigiam-se inicialmente para as fazendas de café de São Paulo. Mas um grande número acabava se fixando na capital, empregados na indústria ou no comércio.

Em 1920, a industrialização também se concentrava nas capitais, com destaque para o Rio de Janeiro, ainda a cidade mais industrializada do país, e para São Paulo, que se transformava rapidamente no principal centro industrial. Cerca de 20% da mão de obra industrial estava na cidade do Rio de Janeiro, ao passo que 31% se concentrava no estado de São Paulo. Em 1920, havia no Brasil todo 275.512 operários industriais urbanos. Era uma classe operária ainda pequena e de formação recente. Mesmo assim, já apresentava alguma diversidade social e política. Rio de Janeiro e São Paulo podem ser tomados como representativos do que sucedia, em ponto menor, no resto do país. No Rio, a industrialização era mais antiga e o operariado, mais nacional. O grupo estrangeiro mais forte era o português, cuja cultura e tradições não se distanciavam muito das brasileiras. Havia ainda, no Rio, forte presença de população negra na classe operária, inclusive de ex-escravos, e também muitos operários do Estado. Em São Paulo, a grande maioria do operariado era composta de imigrantes europeus, italianos em primeiro lugar, mas também espanhóis e outros. O operariado do Estado e de empresas públicas era pequeno.

O comportamento dos operários nas duas cidades era também diferente. No Rio, havia maior diversidade de orientações. O operariado do Estado e de empresas públicas (estradas de ferro, marinha mercante, arsenais) mantinha estreita ligação com o governo. Muitos operários do Estado votavam nas eleições. No setor não governamental havia maior independência política. Os operários do porto não se negavam a dialogar com patrões e com o governo, mas eram bem organizados e mantinham posição de independência. Na indústria e na construção civil, encontravam-se as posições mais radicais, influenciadas pelo anarquismo trazido por imigrantes europeus. O auge da influência dos anarquistas verificou-se nos últimos anos da Primeira Guerra Mundial, quando lideraram uma grande greve que incluía planos de tomada do poder. Em São Paulo, o peso do anarquismo foi maior devido à presença estrangeira e ao pequeno número de operários do Estado. O movimento operário como um todo foi mais agressivo, culminando em uma grande greve geral em 1917. Mas também lá havia obstáculos à ação operária. Os imigrantes, mesmo os italianos, provinham de regiões diferentes, falavam dialetos diferentes e frequentemente competiam entre si. Muitos deles estavam também mais interessados em progredir rapidamente do que em envolver-se em movimentos grevistas.

Além desses obstáculos internos à classe, os operários tinham que enfrentar a repressão comandada por patrões e pelo governo. O governo federal aprovou leis de expulsão de estrangeiros acusados de anarquismo, e a ação da polícia raramente se mostrava neutra nos conflitos entre patrões e operários. O anarquismo teve que enfrentar ainda um opositor interno quando foi criado o Partido Comunista do Brasil, em 1922, formado por ex-anarquistas. O Partido Comunista vinculou-se à Terceira Internacional, cujas diretrizes seguia de perto. A partir daí a influência anarquista declinou rapidamente. O movimento operário como um todo perdeu força durante a década de 20, só vindo a ressurgir após 1930.

Do ponto de vista da cidadania, o movimento operário significou um avanço inegável, sobretudo no que se refere aos direitos civis. O movimento lutava por direitos básicos, como o de organizar-se, de manifestar-se, de escolher o trabalho, de fazer greve. Os operários lutaram também por uma legislação trabalhista que regulasse o horário de trabalho, o descanso semanal, as férias, e por direitos sociais como o seguro de acidentes de trabalho e aposentadoria. No que se refere aos direitos políticos, deu-se algo contraditório. Os setores operários menos agressivos, mais próximos do governo, chamados na época de "amarelos", eram os que mais votavam, embora o fizessem dentro de um espírito clientelista. Os setores mais radicais, os anarquistas, seguindo a orientação clássica dessa corrente de pensamento, rejeitavam qualquer relação com o Estado e com a política, rejeitavam os partidos, o Congresso e até mesmo a ideia de pátria. O Estado, para eles, não passava de um servidor da classe capitalista, o mesmo se dando com os partidos, as eleições e a própria pátria. Ao encerrar um

Congresso Operário, em 1906, no Rio de Janeiro, um líder anarquista afirmou que o operário devia "abandonar de todo e para sempre a luta parlamentar e política". O voto, dizia, era uma burla. A única luta que interessava ao operário era a luta econômica contra os patrões.

Imprensados entre "amarelos" e anarquistas achavam-se os socialistas, que julgavam poder fazer avançar os interesses da classe também através da luta política, isto é, da conquista e do exercício dos direitos políticos. Sintomaticamente, os socialistas foram os que menor êxito tiveram. Fracassaram em todas as tentativas de formar partidos socialistas operários no Rio de Janeiro e em São Paulo. A política das oligarquias, com sua aversão às eleições livres e à participação política, não lhes deixava espaço para atuar.

Assim é que os poucos direitos civis conquistados não puderam ser postos a serviço dos direitos políticos. Predominaram, de um lado, a total rejeição do Estado proposta pelos anarquistas; de outro, a estreita cooperação defendida pelos "amarelos". Em nenhum dos casos se forjava a cidadania política. A tradição de maior persistência acabou sendo a que buscava melhorias por meio de aliança com o Estado e por meio de contato direto com os poderes públicos. Tal atitude seria mais bem caracterizada como "estadania".

Os direitos sociais

Com direitos civis e políticos tão precários, seria difícil falar de direitos sociais. A assistência social estava quase exclusivamente nas mãos de associações particulares. Ainda sobreviviam muitas irmandades religiosas oriundas da época colonial que ofereciam a seus membros apoio para tratamento de saúde, auxílio funerário, empréstimos, e mesmo pensões para viúvas e filhos. Havia também as sociedades de auxílio mútuo, que eram versão leiga das irmandades e antecessoras dos modernos sindicatos. Sua principal função era dar assistência social aos membros. Irmandades e associações funcionavam em base contratual, isto é, os benefícios eram proporcionais às contribuições dos membros. Mencionem-se, ainda, as santas casas da misericórdia, instituições privadas de caridade voltadas para o atendimento aos pobres.

O governo pouco cogitava de legislação trabalhista e de proteção ao trabalhador. Houve mesmo retrocesso na legislação: a Constituição republicana de 1891 retirou do Estado a obrigação de fornecer educação primária, constante da Constituição de 1824. Predominava então um liberalismo ortodoxo, já superado em outros países. Não cabia ao Estado promover a assistência social. A Constituição republicana proibia ao governo federal interferir na regulamentação do trabalho. Tal interferência era considerada violação da liberdade do exercício profissional.

Como consequência, não houve medidas do governo federal na área trabalhista, exceto para a capital. Logo no início da República, em 1891, foi regulado o trabalho de menores na capital federal. A lei não teve muito efeito. Em 1927 voltou-se ao assunto com a aprovação de um Código dos Menores, também sem maiores consequências. A medida mais importante foi na área sindical, quando os sindicatos, tanto rurais quanto urbanos, foram reconhecidos como legítimos representantes dos operários. Surpreendentemente, o reconhecimento dos sindicatos rurais precedeu o dos sindicatos urbanos (1903 e 1907, respectivamente). O fato se explica pela presença de trabalhadores estrangeiros na cafeicultura. As representações diplomáticas de seus países de origem estavam sempre atentas ao tratamento que lhes era dado pelos fazendeiros e protestavam contra os arbítrios cometidos.

Só em 1926, quando a Constituição sofreu sua primeira reforma, é que o governo federal foi autorizado a legislar sobre o trabalho. Mas, fora o Código dos Menores, nada foi feito até 1930. Durante a Primeira República, a presença do governo nas relações entre patrões e empregados se dava por meio da ingerência da polícia. Eram os chefes de polícia que interferiam em casos de conflito, e sua atuação não era exatamente equilibrada. Ficou famosa a afirmação de um candidato à presidência da República de que a questão social — nome genérico com que se designava o problema operário — era questão de polícia. Outra indicação dessa mentalidade foram as leis de expulsão de operários estrangeiros acusados de anarquismo e agitação política.

No campo da legislação social, apenas algumas tímidas medidas foram adotadas, a maioria delas após a assinatura pelo Brasil, em 1919, do Tratado de Versalhes e do ingresso do país na Organização Internacional do Trabalho (OIT), criada nesse mesmo ano. Influenciou também a ação do governo a maior agressividade do movimento operário durante os anos da guerra. Havia muito os operários vinham cobrando medidas que regulassem a jornada de trabalho, as condições de higiene, o repouso semanal, as férias, o trabalho de menores e de mulheres, as indenizações por acidente de trabalho. Em 1919, uma lei estabeleceu a responsabilidade dos patrões pelos acidentes de trabalho. Era um passo ainda tímido, pois os pedidos de indenização deviam tramitar na justiça comum, sem interferência do governo. Em 1923, foi criado um Conselho Nacional do Trabalho, que, no entanto, permaneceu inativo. Em 1926, uma lei regulou o direito de férias, mas foi outra medida "para inglês ver".

O que houve de mais importante foi a criação de uma Caixa de Aposentadoria e Pensão para os ferroviários, em 1923. Foi a primeira lei eficaz de assistência social. Suas características principais eram: contribuição dividida entre o governo, os operários e os patrões; administração atribuída a representantes de patrões e operários sem interferência do governo; organização por empresa. Três anos depois, em 1926, foi criado um instituto de previdência para os funcionários da União. O sistema das Caixas expandiu-se para outras empresas. Embora modestas e limitadas a poucas pessoas, essas medidas foram o germe da legislação social da década seguinte. Ao final da Primeira República, havia pelo menos 47 Caixas, uns 8 mil operários contribuintes e cerca de 7 mil pensionistas.

As poucas medidas tomadas restringiam-se ao meio urbano. No campo, a pequena assistência social que existia era exercida pelos coronéis. Assim como controlavam a justiça e a polícia, os grandes proprietários também constituíam o único recurso dos trabalhadores quando se tratava de comprar remédios, de chamar um médico, de ser levado a um hospital, de ser enterrado. A dominação exercida pelos coronéis incluía esses aspectos paternalistas que lhe davam alguma legitimidade. Por mais desigual que fosse a relação entre coronel e trabalhador existia um mínimo de reciprocidade. Em troca do trabalho e da lealdade, o trabalhador recebia proteção contra a polícia e assistência em momentos de necessidade. Havia um entendimento implícito a respeito dessas obrigações mútuas. Esse lado das relações mascarava a exploração do trabalhador e ajuda a explicar a durabilidade do poder dos coronéis.

CIDADÃOS EM NEGATIVO

Em 1881, um biólogo francês que ensinava no Rio de Janeiro, Louis Couty, publicou um livro intitulado A *escravidão no Brasil*, em que fazia uma afirmação radical: "O Brasil não tem povo." Dos 12 milhões de habitantes existentes à época, ele separava, em um extremo, 2,5 milhões de índios e escravos, que classificava como excluídos da sociedade política. No outro extremo, colocava 200 mil proprietários e profissionais liberais que constituíam a classe dirigente. No meio ficavam 6 milhões que, segundo ele, "nascem, vegetam e morrem sem ter servido ao país". Não havia em lugar algum, é ainda Couty quem fala, massas organizadas de produtores livres, "massas de eleitores sabendo pensar e votar, capazes de impor ao governo uma direção definida".

Em 1925, o deputado Gilberto Amado fez um discurso na Câmara em que, sem citar Couty, repetia a análise, atualizando os dados. Esse importante político e pensador dizia que, de acordo com os dados do censo de 1920, em 30 milhões de habitantes, apenas 24% sabiam ler e escrever. Os adultos masculinos alfabetizados, isto é, os que tinham direito de voto, não passariam de 1 milhão. Desse milhão, dizia, não mais de 100 mil, "em cálculo otimista, têm, por sua instrução efetiva e sua capacidade de julgar e compreender, aptidão cívica no sentido político da expressão". Esse número, continuava, poderia ser reduzido a 10 mil, se o conceito "aptidão cívica" fosse definido mais rigorosamente.

Se entendermos as observações de Couty e Amado como indicação de que não havia no país povo politicamente organizado, opinião pública ativa, eleitorado amplo e esclarecido, podemos concordar com elas e considerá-las fiel descrição do

Brasil em 1881 e em 1925. Não foi outro o sentido de minha argumentação até aqui. Mas é preciso fazer duas ponderações. A primeira é que houve alguns movimentos políticos que indicavam um início de cidadania ativa. Refiro-me sobretudo ao movimento abolicionista, que ganhou força a partir de 1887. Era um movimento nacional, embora predominantemente urbano. Foi forte tanto no sul como no norte do país. Além disso, envolveu pessoas de várias camadas sociais, desde membros da elite, como Joaquim Nabuco, até os próprios escravos, passando por jornalistas, pequenos proprietários e operários. Principalmente, tratou-se de uma luta por um direito civil básico, a liberdade. O ponto fraco do abolicionismo veio do fato de ter acabado logo após a abolição, em parte, talvez, pela concepção de razão nacional que, como visto, predominava em sua motivação. Ele não prosseguiu a luta, como queria André Rebouças, para quem a abolição era apenas o primeiro passo na transformação dos ex-escravos em cidadãos.

Outro movimento que merece referência foi o dos jovens oficiais do Exército, iniciado em 1922. Embora de natureza estritamente militar e corporativa, o tenentismo despertou amplas simpatias, por atacar as oligarquias políticas estaduais. A consciência política dos oficiais, sobretudo no que se refere ao mundo das oligarquias, tornou-se mais clara durante a grande marcha de milhares de quilômetros que fizeram pelo interior do país na tentativa de escapar ao cerco das forças governamentais. O ataque às oligarquias agrárias estaduais contribuía para enfraquecer outro grande obstáculo à expansão dos direitos civis e políticos. O lado negativo do tenentismo foi a ausência de envolvimento popular, mesmo durante a grande marcha. Os "tenentes" tinham uma concepção política que incluía o assalto ao poder como tática de oposição. Mesmo depois de 1930, quando tiveram intensa participação política, mantiveram a postura golpista alheia à mobilização popular.

A segunda ponderação é que as afirmações de Couty e Amado pecam por adotar uma concepção de cidadania estreita e formal que supõe como manifestação política adequada aquela que se dá dentro dos limites previstos no sistema legal, sobretudo o uso do direito do voto. Esse critério foi usado também até agora neste trabalho. Parece-me, no entanto, que uma interpretação mais correta da vida política de países como o Brasil exige levar em conta outras modalidades de participação, menos formalizadas, externas aos mecanismos legais de representação. É preciso também verificar em que medida, mesmo na ausência de um povo político organizado, existiria um sentimento, ainda que difuso, de identidade nacional. Esse sentimento, como já foi observado, acompanha quase sempre a expansão da cidadania, embora não se confunda com ela. Ele é uma espécie de complemento, às vezes mesmo uma compensação, da cidadania vista como exercício de direitos.

A avaliação do povo como incapaz de discernimento político, como apático, incompetente, corrompível, enganável, que vimos nos debates sobre a eleição direta, revela visão míope, má-fé, ou incapacidade de percepção. É evidente que não se podia esperar da população acostumar-se da noite para o dia ao uso dos mecanismos formais de participação exigidos pela parafernália dos sistemas de representação. Mesmo assim, vimos que o eleitor do Império e da Primeira República, dentro de suas limitações, agia com racionalidade e que não havia entre os líderes políticos maior preocupação do que a dele com a lisura dos processos eleitorais.

Além disso, se o povo não era um eleitor ideal e nem sempre teve papel central nos grandes acontecimentos, como a proclamação da independência e da República, ele achava com frequência outras maneiras de se manifestar. Já na independência, a população do Rio de Janeiro por várias vezes foi à rua, aos milhares, em apoio aos líderes separatistas, contra as tropas portuguesas. Em janeiro de 1822, 8 mil pessoas assinaram o manifesto contra o regresso de D. Pedro a Portugal. Para uma cidade de cerca de 150 mil habitantes, dos quais grande parte era analfabeta, o número é impressionante. Em 1831, um levante em que se confundiram militares, povo e deputados reuniu 4 mil pessoas no Campo de Sant'Ana, forçou D. Pedro I a renunciar e aclamou seu filho, uma criança de cinco anos, como sucessor.

Algumas rebeliões da Regência tiveram caráter nitidamente popular. Nas capitais revoltaram-se com frequência as tropas de linha, cujos componentes eram na totalidade provenientes das camadas mais pobres da população. Era comum a expressão "tropa e povo" para indicar os revoltosos. Mas foi nas áreas rurais que aconteceram as revoltas populares mais importantes. A primeira delas deu-se em 1832, na fronteira das províncias de Pernambuco e Alagoas. Chamou-se a Revolta dos Cabanos. Os cabanos eram pequenos proprietários, índios, camponeses, escravos. Defendiam a Igreja Católica e queriam a volta de D. Pedro I. Seu líder era um sargento, filho de padre, que desertara do Exército. Durante três anos enfrentaram as tropas do governo em autêntica guerrilha travada nas matas da região. Os últimos rebeldes foram caçados um a um nas matas, como animais.

Outra revolta popular aconteceu em 1838 no Maranhão, perto da divisa com o Piauí, em região de pequenas propriedades. Ficou conhecida como Balaiada porque um dos líderes era fabricante de balaios. Outro líder era vaqueiro. A eles se juntou também um ex-escravo à frente de uns 3 mil escravos fugidos das fazendas das regiões vizinhas. Os "balaios" chegaram a reunir 11 mil homens em armas e ocuparam Caxias, a segunda maior cidade da província. Mas divisões internas entre livres e escravos enfraqueceram o movimento, que foi finalmente derrotado em 1840. O vencedor dos "balaios", Luís Alves de Lima, foi recompensado com o título de barão de Caxias.

A revolta popular mais violenta e dramática foi a Cabanagem, na província do Pará, iniciada em 1835. Os rebeldes eram na maioria índios, chamados "tapuios", negros e mestiços. A capital da província, Belém, foi tomada, e boa parte da população branca, cerca de 5 mil pessoas, formada de comerciantes e proprietários brasileiros e portugueses, refugiou-se, com o presidente, em navios de guerra estrangeiros. A província caiu nas mãos dos rebeldes, que a proclamaram independente, sob o comando de um extraordinário líder de 21 anos chamado Eduardo Angelim. A luta continuou até 1840 e foi a mais sangrenta da história do Brasil. O novo presidente, um general, recuperou a capital abandonada pelos rebeldes e iniciou uma campanha sistemática de repressão. Militarizou a província, deu ordens de fuzilar quem resistisse, obrigou a todos os não proprietários a se alistarem em corpos de trabalhadores. Violência e crueldade marcaram a ação dos dois grupos de antagonistas. Soldados do governo eram vistos nas ruas exibindo em torno do pescoço rosários feitos de orelhas de cabanos. Uns 4 mil cabanos morreram somente em prisões, navios e hospitais. Calculou-se o número total de mortos em 30 mil, divididos igualmente entre os dois campos em luta.

Esse número representava 20% da população da província. Foi a maior carnificina da história do Brasil independente.

Deve-se mencionar ainda a revolta dos escravos malês de 1835, em Salvador. Embora abortada devido a denúncias, foi duramente reprimida. Calcula-se em 40 o número de escravos e libertos mortos na luta, aos quais se devem acrescentar cinco que foram executados por sentença condenatória. Excetuando-se esta última revolta, que reclamava claramente o direito civil da liberdade, nenhuma das outras tinha programa, nem mesmo ideias muito claras sobre suas reivindicações. Isto não quer dizer que os rebeldes não tinham discernimento e que lutaram por nada. Lutaram por valores que lhes eram caros, independentemente de poderem expressá-los claramente. Havia neles ressentimentos antigos contra o regime colonial, contra portugueses, contra brancos, contra ricos em geral. Os "balaios" davam vivas à "Sagrada Causa da Liberdade". Havia, também, um arraigado catolicismo que julgavam ameaçado pelas reformas liberais da Regência, atribuídas vagamente a alguma conspiração maçônica. O importante é perceber que possuíam valores considerados sagrados, que percebiam formas de injustiça e que estavam dispostos a lutar até a morte por suas crenças. Isto era muito mais do que a elite, que os considerava selvagens, massas-brutas, gentalha, estava disposta a fazer.

As manifestações populares do Segundo Reinado tiveram natureza diferente. No Primeiro Reinado e na Regência, elas se beneficiavam de conflitos entre facções da classe dominante. Após 1848, os liberais com os conservadores abandonaram as armas e se entenderam graças à alternância no governo promovida pelo Poder Moderador. O Estado imperial consolidou-se. As revoltas populares ganharam, então, a característica de reação às reformas introduzidas pelo governo. Em 1851 e 1852 houve reação em várias províncias contra uma lei que introduzia o registro civil de nascimentos e óbitos (o registro era feito pela Igreja) e mandava fazer o primeiro recenseamento nacional. O governo interrompeu as duas medidas. A lei do recrutamento militar de 1874 provocou reações ainda mais generalizadas que atingiram oito províncias e duraram até 1887. Multidões de até 400 pessoas invadiam igrejas para interromper o trabalho das juntas de recrutamento. De particular interesse nessas reações era a grande presença de mulheres. Talvez tenha sido esta a primeira manifestação política coletiva das mulheres no Brasil.

Uma das reações mais intensas se deu em 1874. O motivo agora foi a lei de 1862, que introduzia o novo sistema (decimal) de pesos e medidas e que devia entrar em vigor em 1872. A reação começou no Rio de Janeiro, em 1871, onde ganhou o nome de quebra-quilos. Em 1874 ela se espalhou entre pequenos proprietários nas províncias da Paraíba, Pernambuco, Alagoas e Rio Grande do Norte. Os revoltosos atacaram câmaras municipais, cartórios, coletorias de impostos, serviços de recrutamento militar, lojas maçônicas, casas de negócio, e destruíram guias de impostos e os novos pesos e medidas. A população protestava também contra a prisão de bispos católicos, feita durante o ministério do visconde do Rio Branco, que era grão-mestre da maçonaria. Não havia reivindicações explícitas, mas não se tratava de ação de bandidos, de ignorantes ou de inconscientes. O governo reformista do visconde do Rio Branco ofendera tradições seculares dos sertanejos. Ofendera a Igreja, que lhes dava a medida cotidiana da ação moral; mudara o velho sistema de pesos e medidas, que lhes fornecia a medida das coisas materiais. Além disso, introduzira também a lei de serviço militar que, embora mais democrática, assustava os sertanejos, que nela viam uma possível tentativa de escravização. Os sertanejos agiram politicamente, protestando contra uma ação do governo que interferia em suas vidas de maneira que não consideravam legítima.

Já foram mencionadas as duas grandes revoltas messiânicas de Canudos e do Contestado. Em Canudos, interior da Bahia, um líder carismático e messiânico, Antônio Conselheiro, reuniu milhares de sertanejos depois que a polícia o perseguiu por ter destruído listas de novos impostos decretados após a proclamação da República. O Conselheiro não gostara também de medidas secularizadoras adotadas pela República, como a separação entre Igreja e Estado, a secularização dos cemitérios e, sobretudo, a introdução do casamento civil. Em Canudos, ele tentou criar uma comunidade de santos onde as práticas religiosas tradicionais seriam preservadas e onde todos poderiam viver irmanados pela fé. Sua comunidade foi destruída a poder de canhões em nome da República e da modernidade. No Contestado também estava presente a utopia sertaneja de uma comunidade de santos. Não havia comércio, e dinheiro republicano lá não entrava. Seu livro sagrado era *Carlos Magno e os 12 pares de França*, indicação da persistência de longuíssima tradição e do ideal de fraternidade. Um dos fatores que levaram à formação da comunidade fora a luta pela propriedade da terra, exacerbada pela chegada ao local de uma grande companhia estrangeira de construção de estrada de ferro. A questão social estava presente, assim como a política. Como os de Canudos, os rebeldes do Contestado foram arrasados a ferro e fogo.

Não só no interior houve manifestações populares de natureza política. O Rio de Janeiro do final do século retomou a tradição de protestos da época da independência e da Regência.

Em 1880, por causa do aumento de um vintém (20 réis) no preço das passagens do transporte urbano, 5 mil pessoas se reuniram em praça pública para protestar. Houve choques com a polícia, e o conflito generalizou-se. A multidão quebrou coches, arrancou trilhos, espancou cocheiros, esfaqueou mulas, levantou barricadas. Os distúrbios duraram três dias. Daí em diante, tornaram-se frequentes as revoltas contra a má qualidade dos serviços públicos mais fundamentais, como o transporte, a iluminação, o abastecimento de água. A revolta urbana mais importante aconteceu em 1904, por motivo na aparência irrelevante. O Rio era conhecido pelas frequentes epidemias de febre amarela, varíola, peste bubônica. Era cidade ainda colonial, de ruas desordenadas e estreitas, com precário serviço de esgoto e de abastecimento de água. As residências não tinham condições higiênicas. Havia numerosa população no mercado informal, acrescida nos últimos anos do século pela migração de ex-escravos. No verão, a elite local e os diplomatas estrangeiros, para fugir das epidemias, mudavam-se para Petrópolis, cidade de clima mais saudável.

O prefeito Pereira Passos deu início em 1902 a uma reforma urbanística e higiênica da cidade. Abriu grandes avenidas, endireitou e alargou ruas, reformou o porto. Centenas de casas foram derrubadas, deixando os moradores sem teto. Na área da saúde, Oswaldo Cruz atacou primeiro a febre amarela pelo combate aos mosquitos que a transmitiam, aproveitando método recente aplicado em Cuba. Dezenas de funcionários percorriam a cidade desinfetando ruas e casas, interditando prédios, removendo doentes. Foram especialmente visados os cortiços, conjuntos de habitações anti-higiênicas onde se aglomerava boa parte da população pobre. Muitos deles foram condenados à demolição. Em 1904, Oswaldo Cruz iniciou o combate à varíola, tradicionalmente feito por meio de vacinação que uma lei tornara obrigatória. Os políticos que se opunham ao governo iniciaram uma campanha de oposição à obrigatoriedade. Os positivistas também se opuseram ruidosamente, alegando que a vacina não era segura, que podia causar outras doenças e, sobretudo, que o Estado não tinha autoridade para forçar as pessoas a se vacinarem, não podia mandar seus médicos invadir os lares para vacinar os sãos ou remover os doentes. A oposição estendeu-se às camadas populares, organizadas no Centro das Classes Operárias. Umas 15 mil pessoas assinaram listas pedindo ao governo que suspendesse a vacinação. No dia 10 de novembro de 1904, ao ser anunciada uma regulamentação muito rigorosa da lei, a revolta popular explodiu. De início, houve o tradicional conflito com as forças de segurança e gritos de "Morra a polícia! Abaixo a vacina!". Depois a revolta generalizou-se. Do dia 10 ao dia 18, os revoltosos mantiveram a cidade em estado de permanente agitação, no que receberam a ajuda de militares do Exército também rebelados contra o governo.

As áreas centrais, mais atingidas pela reforma, e a região do porto tornaram-se redutos dos rebeldes, que bloquearam várias ruas com barricadas. No dia 13, grandes danos foram causados por multidões furiosas. Houve tiroteios, destruição de coches, de postes de iluminação, de calçamento; prédios públicos foram danificados, quartéis assaltados. A ira da população dirigiu-se principalmente contra os serviços públicos, a polícia, as autoridades sanitárias, o ministro da Justiça. O governo decretou estado de sítio e chamou tropas de outros estados para controlar a situação. O saldo final da luta foram 30 mortos, 110 feridos e 945 presos, dos quais 461 foram deportados para o norte do país.

A Revolta da Vacina foi um protesto popular gerado pelo acúmulo de insatisfações com o governo. A reforma urbana, a destruição de casas, a expulsão da população, as medidas sanitárias (que incluíam a proibição de mendigos e cães nas ruas, a proibição de cuspir na rua e nos veículos) e, finalmente, a obrigatoriedade da vacina levaram a população a levantar-se para dizer um basta. O levante teve incentivadores nos políticos de oposição e no Centro das Classes Operárias. Mas nenhum líder exerceu qualquer controle sobre a ação popular. Ela teve espontaneidade e dinâmica próprias.

A oposição à vacina apresentou aspectos moralistas. A vacina era aplicada no braço com uma lanceta. Espalhou-se, no entanto, a notícia de que os médicos do governo visitariam as famílias para aplicá-la nas coxas, ou mesmo nas nádegas, das mulheres e filhas dos operários. Esse boato teve um peso decisivo na revolta. A ideia de que, na ausência do chefe da família, um estranho entraria em sua casa e tocaria partes íntimas de filhas e mulheres era intolerável para a população. Era uma violação do lar, uma ofensa à honra do chefe da casa. Para o operário, para o homem comum, o Estado não tinha o direito de fazer uma coisa dessas.

Em todas essas revoltas populares que se deram a partir do início do Segundo Reinado verifica-se que, apesar de não participar da política oficial, de não votar, ou de não ter consciência clara do sentido do voto, a população tinha alguma noção sobre direitos dos cidadãos e deveres do Estado. O Estado era aceito por esses cidadãos, desde que não violasse um pacto implícito de não interferir em sua vida privada, de não desrespeitar seus valores, sobretudo religiosos. Tais pessoas não podiam ser consideradas politicamente apáticas. Como disse a um repórter um negro que participara da revolta: o importante era "mostrar ao governo que ele não põe o pé no pescoço do povo". Eram, é verdade, movimentos reativos e não propositivos. Reagia-se a medidas racionalizadoras ou secularizadoras do governo. Mas havia nesses rebeldes um esboço de cidadão, mesmo que em negativo.

O SENTIMENTO NACIONAL

Se não existia o cidadão consciente buscado por Couty e Gilberto Amado; se existia apenas percepção intuitiva e pouco elaborada de direitos e deveres que às vezes explodia em reações violentas, pode-se perguntar se havia algum sentimento de pertencer a uma comunidade nacional, de ser brasileiro. Ao final da Colônia, antes da chegada da corte portuguesa, não havia pátria brasileira. Havia um arquipélago de capitanias, sem unidade política e econômica. O vice-rei, sediado no Rio de Janeiro, tinha controle direto apenas sobre algumas capitanias do sul. As outras comunicavam-se diretamente com Lisboa. Nas capitanias, muitos governadores, ou capitães-generais, não tinham controle sobre os capitães-mores que governavam as vilas. A colônia portuguesa estava preparada para o mesmo destino da colônia espanhola: fragmentar-se em vários países distintos.

Não é de admirar, então, que não houvesse sentimento de pátria comum entre os habitantes da colônia. As revoltas do período o indicam. Os juristas, poetas e militares da capitania de Minas Gerais que sonharam com a independência em 1789, inspirados no exemplo norte-americano, não falavam em Brasil. Falavam em América ("nós, americanos") ou falavam em Minas Gerais (a "pátria mineira"). Os argumentos que davam em favor da independência se referiam ao território da capitania e a seus recursos naturais. O mesmo pode ser dito da revolta de 1817 em Pernambuco. Nessa época, o Brasil já fora promovido a Reino Unido a Portugal e Algarves. Mesmo assim, quando os rebeldes falavam em pátria e patriotas, e eles o faziam com frequência, era a Pernambuco que se referiam, e não ao Brasil. A bandeira da República, o hino, as leis não tinham referência alguma ao Brasil. Em discursos rebeldes, como os que foram feitos por ocasião da entrega da bandeira, o Brasil aparece apenas como "as províncias deste vasto continente", isto é, uma coleção de unidades políticas unidas por contiguidade geográfica.

Às vésperas da independência, os deputados da capitania de São Paulo, presentes às cortes de Lisboa, diziam abertamente não serem representantes do Brasil, mas de sua capitania. Em 1824, logo após a independência, a revolta da Confederação do Equador, liderada por Pernambuco, separou várias províncias do resto do país e proclamou uma república. Os textos rebeldes revelam grande ressentimento contra a Corte e o Rio de Janeiro, e nenhuma preocupação com a unidade nacional. A ideia de pátria manteve-se ambígua até mesmo depois da independência. Podia ser usada para denotar o Brasil ou as províncias. Um deputado mineiro, Bernardo Pereira de Vasconcelos, insuspeito de separatismo, falando a seus conterrâneos referia-se a Minas Gerais como "minha pátria", em contraste com o Brasil, que seria o "Império". A distinção é reveladora: a identificação emotiva era com a província, o Brasil era uma construção política, um ato de vontade movido antes pela mente que pelo coração.

Várias das revoltas da Regência manifestaram tendências separatistas. Três delas, a Sabinada, a Cabanagem e a Farroupilha, no Rio Grande do Sul, proclamaram a independência da província. O patriotismo permanecia provincial. O pouco de sentimento nacional que pudesse haver baseava-se no ódio ao estrangeiro, sobretudo ao português. Nas revoltas regenciais localizadas em cidades, a principal indicação de brasilidade era o nativismo antiportuguês, justificado pelo fato de serem portugueses os principais comerciantes e proprietários urbanos.

Foram as lutas contra inimigos estrangeiros que criaram alguma identidade. No período colonial, a luta contra os holandeses deu forte identidade aos pernambucanos, embora não aos brasileiros. Só mais tarde, durante a guerra contra o Paraguai, os pintores oficiais do Império dedicaram grandes quadros às principais batalhas contra os holandeses, tentando transformá-las em símbolos da luta pela independência da pátria. Mas tratava-se aí de manipulação simbólica, talvez eficiente, mas muito posterior aos fatos. O principal fator de produção de identidade brasileira foi, a meu ver, a guerra contra o Paraguai. O Brasil lutou em aliança com a Argentina e o Uruguai, mas o peso da luta ficou com suas tropas. A guerra durou cinco anos (1865-1870), mobilizou cerca de 135 mil soldados vindos de todas as províncias, exigiu grandes sacrifícios e afetou a vida de milhares de famílias. Nenhum acontecimento político anterior tinha tido caráter tão nacional e envolvido parcelas tão grandes da população, nem a independência, nem as lutas da Regência (todas provinciais), nem as guerras contra a Argentina em 1828 e 1852 (ambas limitadas e envolvendo poucas tropas, algumas mercenárias). No início da guerra contra o Paraguai, as primeiras vitórias despertaram autêntico entusiasmo cívico. Formaram-se batalhões patrióticos, a bandeira nacional começou a ser reproduzida nos jornais e revistas, em cenas de partida de tropas e de vitória nos campos de batalha. O hino nacional começou a ser executado, o imperador D. Pedro II foi apresentado como o líder da nação, tentando conciliar as divergências dos partidos em benefício da defesa comum. A imprensa começou também a tentar criar os primeiros heróis militares nacionais. Até então, o Brasil era um país sem heróis.

Alguns cartuns publicados na imprensa da época indicam a mudança de mentalidade. Dois deles são particularmente reveladores. Um foi publicado na *Semana Ilustrada* em 1865 sob o título: "Brasileiros! Às armas!" Nele o Brasil é representado por um índio sentado no trono imperial, tendo às mãos a bandeira nacional. O índio recebe a vassalagem das províncias, personificadas por guerreiros romanos. A palavra "brasileiro" indica com clareza o tipo de identidade que se procurava promover, e a vassalagem das províncias mostra que agora um valor mais alto se apresentava acima das lealdades e dos patriotismos localistas. O outro, também da *Semana Ilustrada* e de 1865, é ainda mais revelador. Representa a despedida de um voluntário, a quem a mãe entrega um escudo com as armas nacionais com a advertência, atribuída às mães espartanas, de que só regresse da guerra carregando o escudo ou deitado sobre ele. Baseado em relato real, passado em Minas Gerais, o cartum revela com nitidez o surgimento de uma lealdade que se sobrepõe à lealdade familiar. O texto que acompanha o quadro reproduz os versos do Hino da Independência: "Ou ficar a pátria livre, ou morrer pelo Brasil." Pela primeira vez, o brado retórico de 1822 ("Independência ou morte!") adquiria realidade concreta, potencialmente trágica.

O início de um sentimento de pátria é também atestado pela poesia e pela canção popular sobre a guerra. Algumas poesias e canções sobreviveram até hoje na memória popular. Muitas falam do amor à pátria e da necessidade de a defender, se necessário com o sacrifício da própria vida. É comum nas poesias o tema do soldado despedindo-se da mãe e da família para ir à guerra. Do Paraná há uma que diz: "Mamãe, sou brasileiro/ E não hei de sofrer." De Santos, São Paulo, há outra mais explícita: "Mamãe, eu sou brasileiro/ E a pátria me chama para ser guerreiro." Em Minas Gerais, um soldado se despede da família de maneira estoica: "Não quero que na luta ninguém chore/ A morte de um soldado brasileiro;/ Nunca olvidem que foi em prol da pátria/ Que eu dei o meu suspiro derradeiro." Tanto nos cartuns como nas poesias, a lealdade à pátria aparece como superior à lealdade provincial e familiar. A presença da mãe encorajando o filho é particularmente significativa. Ela reconhece a existência de outra mãe maior, a "mátria", como gostavam de dizer os positivistas, cujo amor tem exigências superiores às suas.

Depois da guerra, poucos acontecimentos tiveram impacto significativo na formação de uma identidade nacional. A própria guerra, passado o entusiasmo inicial, tornou-se um peso para a população. Se os primeiros batalhões de voluntários eram fruto de genuíno patriotismo, à medida que a guerra se foi prolongando, o entusiasmo desapareceu, e os batalhões seguintes só tinham de voluntários o nome. Episódio que em princípio deveria ter marcado a memória popular foi a proclamação da República. Mas não foi o que aconteceu. Havia um movimento republicano em organização desde 1870, mas que só tinha alguma importância em São Paulo, Rio Grande do Sul e Minas Gerais. Atingia apenas setores da elite, sobretudo cafeicultores irritados com a abolição da escravidão, e da classe média urbana, médicos, professores, advogados, jornalistas, engenheiros, estudantes de escolas superiores, e militares. Além disso, o ato da proclamação em si foi feito de surpresa e comandado pelos militares que tinham entrado em contato com os conspiradores civis poucos dias antes da data marcada para o início do movimento.

A surpresa da proclamação entrou para a história na frase famosa de Aristides Lobo, segundo a qual o povo do Rio de Janeiro assistira bestializado, isto é, bestificado, atônito, aos acontecimentos sem entender o que se passava, julgando tratar-se de parada militar. A participação popular foi menor do que na proclamação da independência. Não houve grande movimentação popular nem a favor da República, nem em defesa na Monarquia. Era como se o povo visse os acontecimentos como algo alheio a seus interesses. Houve maior participação popular durante o governo do marechal Floriano Peixoto (1892-95), mas ela adquiriu conotação nativista antiportuguesa e foi eliminada quando se consolidou o poder civil sob a hegemonia dos republicanos paulistas.

Sob certos aspectos, a República significou um fortalecimento das lealdades provinciais em detrimento da lealdade nacional. Ela adotou o federalismo ao estilo norte-americano, reforçando os governos estaduais. Muitos observadores estrangeiros e alguns monarquistas chegaram a prever a fragmentação do país como consequência da República e do federalismo. Houve um período inicial de instabilidade e guerra civil que parecia dar sustentação a esses temores. A unidade foi mantida afinal, mas não se pode dizer que o novo regime tenha sido considerado uma conquista popular e, portanto, um marco na criação de uma identidade nacional. Pelo contrário, os movimentos populares da época tiveram quase todos características antirrepublicanas. Tal foi o caso, por exemplo, da revolta de

Canudos. Movimento messiânico por excelência, foi também abertamente monarquista, mesmo que por motivações religiosas e tradicionalistas. O combate aos rebeldes de Canudos, vistos equivocadamente como ameaça à República, despertou certo entusiasmo jacobino no Rio de Janeiro. Mas todo o episódio foi um equívoco trágico, conforme denunciou Euclides da Cunha em *Os Sertões*. O Exército nacional massacrou os crentes com tiros de canhões Krupp. Outro movimento messiânico, o do Contestado, também teve caráter monarquista. Os rebeldes lançaram manifesto monarquista e escolheram um fazendeiro analfabeto como seu rei. Como os crentes de Canudos, foram massacrados ao final de três anos de luta contra tropas do Exército. Sua rendição final se deu em 1915.

Até mesmo a população pobre do Rio de Janeiro, em grande parte negra ou mulata, tinha simpatias monarquistas. Um cronista da cidade atesta que em torno de 1904, após 15 anos da proclamação da República, ao visitar a Casa de Detenção, verificou que todos os presos eram radicalmente monarquistas. A revolta contra a vacinação obrigatória pode ter sido em parte encorajada pela antipatia popular pelo novo regime. O primeiro chefe de polícia do governo republicano mandara prender e deportar grande número de "capoeiras", negros na maioria, que tinham participado de atos de hostilidade contra os republicanos nos últimos anos da Monarquia.

A consciência da falta de apoio levou os republicanos a tentarem legitimar o regime por meio da manipulação de símbolos patrióticos e da criação de uma galeria de heróis republicanos. Mesmo aí foi necessário fazer compromissos. A bandeira nacional foi modificada, mas foram mantidas as cores e o desenho básico da bandeira imperial. A mudança do hino nacional foi impedida por reação popular. Graças à guerra contra o Paraguai, bandeira e hino já tinham adquirido legitimidade como símbolos cívicos.

Não teve muito êxito também a República em promover seus fundadores, os generais Deodoro e Floriano e o tenente-coronel Benjamin Constant, a heróis cívicos. O único que adquiriu certa popularidade foi Floriano, mas a tendência jacobina de seus seguidores fez dele uma figura polêmica. O único que se firmou como herói cívico foi Tiradentes, o único entre os rebeldes mineiros de 1879 que tinha cara popular, e talvez por isso mesmo tenha sido o único a ser enforcado. Pintores o representaram com a aparência de Jesus Cristo, o que sem dúvida contribuiu para difundir sua popularidade.

Pode-se concluir, então, que até 1930 não havia povo organizado politicamente nem sentimento nacional consolidado. A participação na política nacional, inclusive nos grandes acontecimentos, era limitada a pequenos grupos. A grande maioria do povo tinha com o governo uma relação de distância, de suspeita, quando não de aberto antagonismo. Quando o povo agia politicamente, em geral o fazia como reação ao que considerava arbítrio das autoridades. Era uma cidadania em negativo, se se pode dizer assim. O povo não tinha lugar no sistema político, seja no Império, seja na República. O Brasil era ainda para ele uma realidade abstrata. Aos grandes acontecimentos políticos nacionais ele assistia, não como bestializado, mas como curioso, desconfiado, temeroso, talvez um tanto divertido.

CAPÍTULO II Marcha acelerada (1930-1964)

O ano de 1930 foi um divisor de águas na história do país. A partir dessa data houve aceleração das mudanças sociais e políticas, a história começou a andar mais rápido. No campo que aqui nos interessa, a mudança mais espetacular verificou-se no avanço dos direitos sociais. Uma das primeiras medidas do governo revolucionário foi criar um Ministério do Trabalho, Indústria e Comércio. A seguir, veio vasta legislação trabalhista e previdenciária, completada em 1943 com a Consolidação das Leis do Trabalho. A partir desse forte impulso, a legislação social não parou de ampliar seu alcance, apesar dos grandes problemas financeiros e gerenciais que até hoje afligem sua implementação.

Os direitos políticos tiveram evolução mais complexa. O país entrou em fase de instabilidade, alternando-se ditaduras e regimes democráticos. A fase propriamente revolucionária durou até 1934, quando a assembleia constituinte votou nova Constituição e elegeu Vargas presidente. Em 1937, o golpe de Vargas, apoiado pelos militares, inaugurou um período ditatorial que durou até 1945. Nesse ano, nova intervenção militar derrubou Vargas e deu início à primeira experiência que se poderia chamar com alguma propriedade de democrática em toda a história do país. Pela primeira vez, o voto popular começou a ter peso importante por sua crescente extensão e pela também crescente lisura do processo eleitoral. Foi o período marcado pelo que se chamou de política populista, um fenômeno que atingiu também outros países da América Latina. A experiência terminou em 1964, quando os militares intervieram mais uma vez e implantaram nova ditadura.

Os direitos civis progrediram lentamente. Não deixaram de figurar nas três constituições do período, inclusive na ditatorial de 1937. Mas sua garantia na vida real continuou precária para a grande maioria dos cidadãos. Durante a ditadura, muitos deles foram suspensos, sobretudo a liberdade de expressão do pensamento e de organização. O regime ditatorial promoveu a organização sindical, mas o fez dentro de um arcabouço corporativo em estreita vinculação com o Estado. Os movimentos sociais independentes avançaram lentamente a partir de 1945. O acesso da população ao sistema judiciário progrediu pouco.

Houve progresso na formação de uma identidade nacional na medida em que surgiram momentos de real participação popular. Foi o caso do próprio movimento de 1930 e das campanhas nacionalistas da década de 50, sobretudo a da defesa do monopólio estatal do petróleo. O nacionalismo, incentivado pelo Estado Novo, foi o principal instrumento de promoção de uma solidariedade nacional, acima das lealdades estaduais. A esquerda salientou-se na defesa das teses nacionalistas. O Instituto Superior de Estudos Brasileiros (Iseb), criado no Rio de Janeiro na década de 50, foi o principal formulador e propagandista do credo nacionalista.

1930: MARCO DIVISÓRIO

Em 3 de outubro de 1930, o presidente da República, Washington Luís, foi deposto por um movimento armado dirigido por civis e militares de três estados da federação, Minas Gerais, Rio Grande do Sul e Paraíba. Terminava assim a Primeira República. O episódio ficou conhecido como a Revolução de 30, embora tenha havido, e ainda haja, muita discussão sobre se seria adequado usar a palavra revolução para descrever o que aconteceu. Certamente não se tratou de revolução, se compararmos o episódio com o que se passou na França em 1789, na Rússia em 1917, ou mesmo no México em 1910. Mas foi sem dúvida o acontecimento mais marcante da história política do Brasil desde a independência. É importante, então, discutir suas causas e seu significado.

A Primeira República caracterizava-se pelo governo das oligarquias regionais, principalmente das mais fortes e organizadas, como as de São Paulo, Minas Gerais e Rio Grande do Sul. A partir da segunda década do século, fatos externos e internos começaram a abalar o acordo oligárquico. Entre os externos, devem-se mencionar a Grande Guerra, a Revolução Russa e a quebra da Bolsa de Nova York em 1929.

A guerra causou impactos econômicos e políticos. O preço do café, principal produto de exportação, sofreu grande queda, reduzindo-se, em consequência, a capacidade de importar. A carestia que se seguiu piorou as condições de vida da população pobre das cidades e favoreceu a eclosão das grandes greves operárias do final da segunda década. Do ponto de vista político, a guerra serviu também para despertar a preocupação com a defesa nacional entre militares e civis. Pela primeira vez, civis organizaram Ligas de Defesa Nacional e pregaram a importância da preparação militar do país. Um dos pontos da pregação era a introdução do serviço militar obrigatório para todos os homens, velha reivindicação dos militares que as elites civis resistiam em aceitar.

A Revolução Soviética não teve impacto imediato, de vez que o movimento operário mais radical seguia orientação anarquista. Mas em 1922 formou-se o Partido Comunista do Brasil dentro do figurino da Terceira Internacional. O Partido disputou com os anarquistas e os "amarelos" a organização do operariado. Com o Partido Comunista, um ator novo entrou na cena política, onde teria papel relevante por muito tempo.

A crise de 1929 serviu para agravar as dificuldades já presentes na área econômica. O governo desenvolvera amplo programa de defesa do preço do café. Como consequência, grandes safras foram produzidas nos últimos anos da década de 20. A superprodução coincidiu com a crise e com a Grande Depressão que a seguiu. Os preços do café despencaram. Num esforço desesperado para conter sua queda, o governo comprou os grandes excedentes e promoveu sua destruição. Não pôde, no entanto, evitar a queda na capacidade de importar e nas receitas derivadas em grande parte dos impostos sobre o comércio exterior. Maior produtor de café, o estado de São Paulo foi particularmente penalizado.

Internamente, a fermentação oposicionista começou a ganhar força na década de 20. Depois dos operários, foram os militares que começaram a agitar-se. Em 1922, houve uma revolta de jovens oficiais no Rio de Janeiro. Em 1924, eles se revoltaram novamente em São Paulo, onde controlaram a capital por alguns dias. Abandonando a cidade, juntaram-se a outros militares rebeldes do sul do país e formaram a coluna que percorreu milhares de quilômetros sob perseguição dos soldados legalistas, até internar-se na Bolívia em 1927, sem ter sido derrotada. A coluna ganhou o nome de seus dois comandantes iniciais, o coronel Miguel Costa, da Polícia Militar de São Paulo, e o capitão Luís Carlos Prestes, do Exército. Posteriormente, ficou mais conhecida como Coluna Prestes, por ter Miguel Costa abandonado a luta. Prestes tornou-se um líder simpático aos opositores do regime. Aderiu ao comunismo em 1930 e foi indicado, por imposição de Moscou, secretário-geral do Partido Comunista, condição que manteve até pouco antes de morrer, em 1990.

Os militares tinham tido grande influência sobre os primeiros governos republicanos, consequência lógica do fato de terem proclamado a República. Mas aos poucos as oligarquias tinham conseguido neutralizar sua influência e garantir um governo civil estável. O movimento iniciado em 22 pretendia recuperar a influência perdida. A guerra contribuíra também para despertar em alguns oficiais a consciência do despreparo militar do país e da necessidade de mudanças na política de defesa, com consequências também para a política econômica e industrial. O caráter corporativo inicial do movimento foi aos poucos dando lugar a reivindicações que tinham por alvo combater o domínio exclusivo das oligarquias sobre a política. O movimento ganhou a simpatia de outros grupos insatisfeitos, sobretudo os setores médios das grandes cidades. O tenentismo não tinha características propriamente democráticas, mas foi uma poderosa força de oposição. Todo o período presidencial de 1922 a 1926 se passou sob o estado de sítio, em consequência da luta tenentista. Embora derrotados em 1922, 1924 e 1927, muitos "tenentes" continuaram a luta na clandestinidade ou no exílio. Quando as circunstâncias políticas se tornaram favoráveis em 1930, eles reapareceram e forneceram a liderança militar necessária para derrubar o governo.

O fermento oposicionista manifestou-se também no campo cultural e intelectual. No ano de 1922, foi organizada em São Paulo a Semana de Arte Moderna. Um grupo de escritores, artistas plásticos e músicos de grande talento, patrocinados por ricos mecenas da elite paulista, escandalizou a bem-comportada sociedade local com espetáculos e exibições de arte inspirados no modernismo e no futurismo europeus. O movimento aprofundou suas ideias e pesquisas e colocou em questão a natureza da sociedade brasileira, suas raízes e sua relação com o mundo europeu. Na década seguinte, muitos modernistas envolveram-se na política à esquerda e à direita. Mas desde o início, mesmo na versão puramente estética do movimento, ele já trazia em si uma crítica profunda ao mundo cultural dominante.

Na área da educação também houve tentativas de reforma. A influência maior veio dos Estados Unidos, sobretudo do filósofo John Dewey. As propostas dos defensores da Escola Nova, entre os quais se salientavam Anísio Teixeira, Fernando de Azevedo e Lourenço Filho, tinham um lado de pura adaptação do ensino ao mundo industrial que se tornava cada vez mais dominador. O ensino devia ser mais técnico e menos acadêmico. Mas tinham também um lado democrático, na medida em que apontavam a educação elementar como um direito de todos e como parte essencial de uma sociedade industrial e igualitária. Num país de analfabetos, tal pregação apontava para um problema central na formação dos cidadãos.

O reformismo atingiu ainda a área da saúde. A partir do saneamento do Rio de Janeiro, empreendido no início do século por Oswaldo Cruz, outros médicos sanitaristas levaram a campanha ao interior do país. Assim como Euclides da Cunha revelara o mundo a um tempo primitivo e heroico dos sertanejos, os sanitaristas descobriram um Brasil de miséria e doença a pedir a atenção do governo. Tornou-se famosa a frase de Miguel Couto de que o Brasil era um vasto hospital. Os médicos envolveram-se, então, em campanha nacional a favor do saneamento do país como condição indispensável para construir uma nação viável.

Todos os reformistas estavam de acordo em um ponto: a crítica ao federalismo oligárquico. Federalismo e oligarquia eram por eles considerados irmãos gêmeos, pois era o federalismo que alimentava as oligarquias, que lhes abria amplo campo de ação e lhes fornecia os instrumentos de poder. Desenvolveu-se nos círculos reformistas a convicção de que era necessário fortalecer novamente o poder central como condição para implantar as mudanças que se faziam necessárias. Pensadores políticos, como Alberto Torres, insistiam nesse ponto, propondo que o governo central retomasse seu papel de organizador da nação como nos tempos do Império. Para Torres, talvez o mais influente pensador da época, a sociedade brasileira era desarticulada, não tinha centro de referência, não tinha propósito comum. Cabia ao Estado organizá-la e fornecer-lhe esse propósito.

A década de 20 terminou presenciando uma das poucas campanhas eleitorais da Primeira República em que houve autêntica competição. O candidato oficial à presidência,

Júlio Prestes, paulista como o presidente que estava no poder, representava a continuidade administrativa. O candidato da oposição, Getúlio Vargas, à frente da Aliança Liberal, introduziu temas novos em sua plataforma política. Falava em mudanças no sistema eleitoral, em voto secreto, em representação proporcional, em combate às fraudes eleitorais; falava em reformas sociais, como a jornada de trabalho de oito horas, férias, salário mínimo, proteção ao trabalho das mulheres e menores de idade.

Getúlio Vargas não se diferenciava socialmente de Júlio Prestes no que se referia às origens sociais. Ambos eram membros das oligarquias de seus respectivos estados, onde tinham sido governadores. Mas as circunstâncias do momento, que acabamos de descrever, deram a suas campanhas uma conotação distinta. A Aliança Liberal captou as simpatias de boa parte da oposição e tornou-se símbolo de renovação. Uma nova geração de políticos, de origem oligárquica mas com propostas inovadoras, assumiu a liderança ideológica do movimento.

A Aliança Liberal ameaçava ainda o sistema por ter colocado em campos opostos as duas principais forças políticas da República, os estados de São Paulo e de Minas Gerais. Os dois estados alternavam-se na presidência. Em 1930, o acordo foi quebrado quando São Paulo insistiu em um candidato paulista para substituir um presidente também paulista. Rompido o acordo, os conflitos latentes, dentro e fora das oligarquias, encontraram campo livre para se manifestar. A elite política mineira, frustrada em suas ambições, aliou-se à elite gaúcha, sempre insatisfeita com o domínio de paulistas e mineiros. Às duas juntou-se ainda a elite de um pequeno estado do Nordeste, a Paraíba. Os três estados enfrentaram a força de São Paulo e do resto do país.

A eleição, como de costume, foi fraudada, e o governo, também como de costume, declarou-se vencedor. Houve as reclamações de sempre contra as fraudes, em pura perda de tempo. As coisas pareciam caminhar para a retomada da "*pax* oligárquica", quando um assassinato mudou o rumo dos acontecimentos. O governador da Paraíba, João Pessoa, foi morto por um inimigo político local. Sua morte forneceu o pretexto para que os elementos mais radicais da Aliança Liberal retomassem a luta, desta vez com propósito abertamente revolucionário. Um passo lógico foi a busca do apoio dos "tenentes" remanescentes das revoltas de 1922 e 1924. Sua experiência militar e sua influência nos quartéis eram preciosas para a nova fase da luta. Prestes recusou o comando militar do movimento por já estar próximo do comunismo. Mas os outros "tenentes" aderiram. Fez-se a aliança, agora já não muito liberal, entre as dissidências oligárquicas e a dissidência militar.

Dessa aliança nasceu a revolta civil-militar de 1930. Ela começou simultaneamente nos três estados, com a tomada dos quartéis do Exército, feita com o apoio das fortes polícias militares estaduais. O Nordeste foi rapidamente dominado, o mesmo acontecendo com o sul do país. As tropas rebeldes convergiram para São Paulo e para o Rio de Janeiro, onde estava o centro da resistência. O governo detinha superioridade militar sobre os revoltosos, mas faltava ao alto-comando vontade para defender a legalidade. Os chefes militares sabiam que as simpatias da jovem oficialidade e da população estavam com os rebeldes. Uma junta formada por dois generais e um almirante decidiu depor o presidente da República e passar o governo ao chefe do movimento revoltoso, o candidato derrotado da Aliança Liberal. Sem grandes batalhas, caiu a Primeira República aos 41 anos de vida.

Do ponto de vista que aqui nos interessa, não se pode negar que a maneira por que foi derrubada a Primeira República representou um avanço em relação à sua proclamação em 1889. Em 1930, o movimento foi precedido de uma eleição que, apesar das fraudes, levou o debate a uma parcela da população. O assassinato do governador da Paraíba introduziu um elemento de emoção totalmente ausente em 1889. A mobilização revolucionária envolveu muitos civis nos estados rebelados. No Rio Grande do Sul pode-se dizer que houve verdadeiro entusiasmo cívico. O povo não esteve ausente como em 1889, não assistiu "bestializado" ao desenrolar dos acontecimentos. Foi ator no drama, posto que coadjuvante.

É verdade que em 1930, como em 1889, foi necessária a presença militar. O fato pode ser visto pelo lado negativo: as forças civis ainda não dispensavam o apoio militar. Os dois regimes nasceram sob a tutela do Exército, isto é, da força. Mas há também um lado positivo. O Exército em 1889, e mais ainda em 1930, não era um aliado das oligarquias. Neste ponto, o Exército brasileiro era diferente de quase todos os outros da América Latina. Como a independência se fez sem guerra civil, não surgiram no Brasil os caudilhos militares ligados à grande propriedade da terra. O Exército formou-se em ambiente político de predomínio civil. Ao final do Império, quase todos os oficiais eram filhos de oficiais ou de famílias sem muitos recursos. Os poucos filhos de proprietários rurais vinham quase todos do Rio Grande do Sul.

Em consequência, o Exército era uma força que disputava o poder com a oligarquia rural. Em 1889, a jovem oficialidade responsável pela mobilização era influenciada pelo positivismo, uma ideologia industrializante, simpática à ciência e à técnica, antibacharelesca. Os positivistas faziam oposição aos proprietários e à elite política civil, quase toda formada de advogados e juristas. Em 1930, os jovens militares ainda eram uma força de oposição à elite civil. A experiência adquirida desde 1922, os contatos com civis da oposição, deu a eles maior visão política, ideias mais claras sobre reformas políticas e, sobretudo, econômicas e sociais. Como em 1889, eram favoráveis a um governo forte que, usando a linguagem positivista, chamavam de ditadura republicana. Esse governo deveria ser usado para centralizar o poder, combater as oligarquias, reformar a sociedade, promover a industrialização, modernizar o país. Apesar de não ser democrático, o tenentismo era uma força renovadora.

Ensaios de participação política (1930-1937)

Entre 1930 e 1937, o Brasil viveu uma fase de grande agitação política. Anteriormente, só a Regência, um século antes, e os anos iniciais da República tinham vivido situação parecida. Mas o período de 30 superou os anteriores pela amplitude e pelo grau de organização dos movimentos políticos. Quanto à amplitude, a mobilização atingiu vários estados da Federação, além da capital da República; envolveu vários grupos sociais: operários, classe média, militares, oligarquias, industriais. Quanto à organização, multiplicaram-se os sindicatos e outras associações de classe; surgiram vários partidos políticos;

e pela primeira vez foram criados movimentos políticos de massa de âmbito nacional.

O movimento que levou ao fim da Primeira República era heterogêneo do ponto de vista social e ideológico. Tornava-se, assim, inevitável que, após a vitória, houvesse luta entre os aliados de véspera pelo controle do governo. Os dois blocos principais, como vimos, eram as dissidências oligárquicas e os jovens militares. As primeiras queriam apenas ajustes na situação anterior; os militares, aliados a revolucionários civis, queriam reformas mais profundas que feriam os interesses das oligarquias. A principal delas era a reforma agrária. Do lado oposto, os inimigos da revolução, as velhas oligarquias, sobretudo a de São Paulo, procuravam explorar as divergências entre os vitoriosos para bloquear as reformas.

Os "tenentes" e seus aliados civis organizaram-se em torno do Clube 3 de Outubro, referência à data da vitória do movimento. O Clube exerceu grande influência nos dois primeiros anos do novo governo. Além de pressionar o presidente para nomear pessoas ligadas à proposta reformista, seus membros promoviam debates e tentavam definir um programa revolucionário. Muitas das propostas tinham a ver com o que já vinha sendo veiculado anteriormente, mas pela primeira vez eram formuladas por uma organização com poderes para influenciar o governo. Os reformistas pediam a redução do poder das oligarquias por meio da centralização política e da representação classista no Congresso; pediam o controle sobre as polícias militares dos estados, o fortalecimento das forças armadas e da defesa nacional; pediam uma legislação sindical e social, uma política de industrialização e de reforma agrária. Vários desses pontos, sobretudo o último, constituíam séria ameaça às oligarquias. O receio dos proprietários aumentou depois da adesão do capitão Luís Carlos Prestes ao Partido Comunista, em fins de 1930. Prestes aderira ao comunismo quando ainda exilado na Argentina. Não aceitou o comando militar do movimento de 1930 por julgar tratar-se de um projeto burguês, não revolucionário. Adotou as teses da Terceira Internacional, pregando uma revolução segundo o modelo de 1917, feita pela aliança de operários, camponeses e soldados.

Isto era anátema para as oligarquias, e mesmo para os reformistas da coluna que Prestes comandara. Osvaldo Aranha, um dos principais líderes civis da revolta, braço direito de Getúlio Vargas, escrevia em 1931 ao governador do Rio Grande do Sul propondo a criação de legiões civis para combater o perigo do militarismo. O que assustava no militarismo, no entanto, era o que Aranha chamava de novos rumos do movimento, contaminado "de esquerdismo e até de comunismo! É o Luís Carlos Prestes". E concluía: "(...) o Exército ameaça constituir um perigo, não à ordem atual, mas às próprias instituições basilares do organismo nacional". As disputas internas levaram ao declínio do Clube 3 de Outubro. Moderados e radicais o abandonaram. Os primeiros assustaram-se com o radicalismo das propostas; os últimos não se satisfaziam com sua moderação. O prolongamento do governo revolucionário provocou também o crescimento da oposição, sobretudo em São Paulo, onde as elites se uniram para pedir o fim da intervenção federal no estado e a volta do país ao regime constitucional. Parte da elite paulista apoiara a revolução, mas a nomeação de interventores militares para o estado causara irritação geral. As elites paulistas uniram-se e revoltaram-se contra o governo federal em 1932.

A revolta paulista, chamada Revolução Constitucionalista, durou três meses e foi a mais importante guerra civil brasileira do século XX. Os paulistas pediam o fim do governo ditatorial e a convocação de eleições para escolher uma assembleia constituinte. Sua causa era aparentemente inatacável: a restauração da legalidade, do governo constitucional. Mas seu espírito era conservador: buscava-se parar o carro das reformas, deter o tenentismo, restabelecer o controle do governo federal pelos estados. Aos paulistas aliaram-se outros descontentes, inclusive oficiais superiores das forças armadas, insatisfeitos com a inversão hierárquica causada pelos "tenentes". Outros estados, como o Rio Grande do Sul e Minas Gerais, hesitaram sobre a posição a tomar. Decidiram-se, finalmente, pelo apoio ao governo federal, talvez por receio de que uma vitória paulista resultasse em poder excessivo para São Paulo. Bastava que um dos dois grandes estados apoiasse os paulistas para que a vitória da revolta se tornasse uma possibilidade concreta.

Apesar de seu conteúdo conservador, a revolta paulista foi uma impressionante demonstração de entusiasmo cívico. Bloqueado por terra e mar, o estado contou apenas com as próprias forças para a luta. Houve mobilização geral. Milhares de voluntários se apresentaram para lutar; as indústrias se adaptaram ao esforço de guerra produzindo armamentos, fardas, alimentos; mulheres ofereciam suas joias para custear o esforço bélico. Tentou-se reforçar a identidade paulista, ameaçada pela grande presença de imigrantes europeus, em torno do bandeirante mitificado. Não faltaram mesmo manifestações de separatismo, embora este não fosse um tema central da pregação rebelde. Em um país com tão pouca participação popular, a guerra paulista foi uma exceção. Não favorecia a identidade brasileira, mas revelou e reforçou um forte sentimento de identidade paulista.

Os paulistas perderam a guerra no campo de batalha, mas a ganharam no campo da política. O governo federal concordou em convocar eleições para a assembleia constituinte que deveria eleger também o presidente da República. As eleições se deram em 1933, sob novas regras eleitorais que representavam já grande progresso em relação à Primeira República. Para reduzir as fraudes, foi introduzido o voto secreto e criada uma justiça eleitoral. O voto secreto protegia o eleitor das pressões dos caciques políticos; a justiça eleitoral colocava nas mãos de juízes profissionais a fiscalização do alistamento, da votação, da apuração dos votos e o reconhecimento dos eleitos. O voto secreto e a justiça eleitoral foram conquistas democráticas. Houve também avanços na cidadania política. Pela primeira vez, as mulheres ganharam o direito ao voto.

Outra inovação do código eleitoral foi a introdução da representação classista, isto é, a eleição de deputados não pelos eleitores em geral, mas por delegados escolhidos pelos sindicatos. Foram eleitos 40 deputados classistas, 17 representando os empregadores, 18 os empregados, três os profissionais liberais e dois os funcionários públicos. A inovação foi objeto de grandes debates. Era uma tentativa a mais do governo de reduzir a influência dos donos de terra e, portanto, das oligarquias estaduais no Congresso nacional.

A constituinte confirmou Getúlio Vargas na presidência e elaborou uma constituição, inspirada na de Weimar, em que pela primeira vez constava um capítulo sobre a ordem econômica e social. Fora esse capítulo, era uma constituição ortodoxamente liberal, logo atacada pelo governo como destoante das correntes políticas dominantes no Brasil e no mundo. Segundo essa crítica, o liberalismo estava em crise, em via de desaparecer. Os novos tempos pediam governos fortes, como os da Itália, da Alemanha, da União Soviética, ou mesmo do *New Deal* norte-americano. Os reformistas autoritários viam no liberalismo uma simples estratégia para evitar as mudanças e preservar o domínio oligárquico.

Após a constitucionalização do país, a luta política recrudesceu. Formaram-se dois grandes movimentos políticos, um à esquerda, outro à direita. O primeiro chamou-se Aliança Nacional Libertadora (ANL), e era liderado por Luís Carlos Prestes, sob a orientação da Terceira Internacional. O outro foi a Ação Integralista Brasileira (AIB), de orientação fascista, dirigido por Plínio Salgado. Embora a inspiração externa estivesse presente em ambos os movimentos, eles apresentavam a originalidade para o Brasil, de terem alcance nacional e serem organizações de massa. Não eram partidos de estados maiores, como os do Império, nem partidos estaduais, como os da Primeira República.

Os partidários da ANL e da AIB divergiam ideologicamente em muitos pontos e se digladiavam nas ruas, refletindo em parte a luta internacional entre comunismo e fascismo. Mas os dois movimentos assemelhavam-se em vários pontos: eram mobilizadores de massa, combatiam o localismo, pregavam o fortalecimento do governo central, defendiam um Estado intervencionista, desprezavam o liberalismo, propunham reformas econômicas e sociais. Eram movimentos que representavam o emergente Brasil urbano e industrial. Apesar das diferenças ideológicas, ambos se chocavam com o velho Brasil das oligarquias. Nesse sentido, eram continuação das forças que desde a década de 20 pediam maior poder para o governo federal e a definição de um projeto de construção nacional.

A ANL e a AIB aproximavam-se ainda no que se refere a sua composição social. Ambas atraíam setores de classe média urbana, exatamente os que se sentiam mais prejudicados pelo domínio oligárquico. Os integralistas tinham ainda forte apoio no sul do país entre os descendentes dos imigrantes alemães e italianos, sem dúvida por causa da proximidade da AIB com o fascismo e, em menor escala, com o nazismo. Ambos tinham simpatizantes nas forças armadas com uma diferença. A influência dos integralistas se dava entre os oficiais da Marinha, ao passo que a ANL tinha maior apoio no Exército. A ANL atraiu o grupo mais radical dos "tenentes" egressos do Clube 3 de Outubro. A AIB atraiu sobretudo os oficiais da Marinha. A diferença se explica pelo maior conservadorismo da Marinha, que recrutava seus oficiais na classe alta. O anticomunismo dos integralistas lhes valia também o apoio da hierarquia da Igreja Católica e de boa parte do clero.

Sob a influência do Partido Comunista, a ANL decidiu radicalizar sua posição. Analisando equivocadamente a situação do país, os líderes do movimento julgaram ser possível promover uma revolução popular. A revolta aconteceu em novembro de 1935, mas limitou-se a três capitais, Rio de Janeiro, Recife e Natal. Além disso, concentrou-se nos quartéis do

Exército, com muito pouco envolvimento popular. O governo não teve maiores dificuldades em reprimi-la. Apenas em Natal os revoltosos, liderados por um sargento do Exército, conseguiram dominar a cidade e manter-se no poder por quatro dias. Foi criado um "Comitê Popular Revolucionário", com a participação de civis. Em Recife, a revolta durou dois dias. No Rio de Janeiro, revoltaram-se um regimento de infantaria e a Escola de Aviação do Exército sob a liderança de oficiais subalternos. No dia seguinte, a revolta estava dominada com poucas mortes de ambos os lados.

As três revoltas foram feitas no estilo dos movimentos tenentistas, ainda comuns na década de 30. Basearam-se quase exclusivamente na ação militar (tomada de quartéis), com descaso pela participação popular. O fato é estranho se lembrarmos que o Partido Comunista estava por trás da atuação da ANL. Mas explica-se pela presença de Prestes na secretaria-geral do Partido. Prestes tinha sido o mais notório dos "tenentes" e sua influência ainda era forte entre os militares. Sua entrada para o Partido como secretário-geral tinha modificado a orientação obreirista voltada para sindicatos, desviando-a para os quartéis. O equívoco da estratégia revolucionária ficou claro na pequena repercussão do movimento entre os operários.

O governo, no entanto, fez bom uso da revolta. Tomou-a como pretexto para expulsar do Exército os elementos mais radicais e para exagerar o perigo de uma revolta comunista no país. Criou, com o apoio do Congresso, um Tribunal de Segurança Nacional para julgar crimes políticos. A ANL foi fechada e seus simpatizantes foram perseguidos. O mais importante deles era o prefeito do Rio de Janeiro, Pedro Ernesto.

O prefeito tinha inaugurado o que depois se chamou no Brasil e em outros países da América Latina, sobretudo Argentina e Peru, de política populista. Médico de profissão, Pedro Ernesto era um "tenente" civil. Na prefeitura da capital buscou o apoio da população pobre das favelas, dando-lhe pela primeira vez a oportunidade de participar da política. Foi também o primeiro político no Brasil a utilizar com eficácia o rádio em suas campanhas. Preso e processado, Pedro Ernesto perdeu o governo da capital.

A luta contra o comunismo serviu ainda ao governo para preparar o fim do curto experimento constitucional inaugurado em 1934. As revoltas de 1932 e de 1935 tinham possibilitado aos novos chefes do Exército, promovidos a partir de 1930, livrar-se dos radicais e outros oposicionistas dentro da corporação. Os novos generais, especialmente Góis Monteiro, o chefe militar de 1930, e Gaspar Dutra, tinham visão do papel do Exército diferente da dos antigos generais e também da dos "tenentes". Para eles, o Exército não devia ser instrumento político dos chefes civis, como era prática na Primeira República, nem fator de revolução social, como queriam os "tenentes". Devia ter papel tutelar sobre o governo e a nação. Devia ter seu projeto próprio para o país, um projeto que incluísse propostas de transformações econômicas e sociais, mas dentro dos limites da ordem. Era um projeto de modernização conservadora ou, na terminologia que se popularizou, de poder moderador, lembrança do papel exercido pelo Imperador. Estes generais foram aliados de Vargas em seu projeto de pôr um fim ao regime constitucional.

O golpe veio em 1937. O primeiro movimento foi a deposição do governador do Rio Grande do Sul, Flores da

Cunha, ex-aliado de Vargas. Com o ato, o governo federal derrotou o último reduto da velha política oligárquica estadualista. Uma rápida operação bélica, orientada por Góis Monteiro, forçou o governador a fugir do país. A seguir, o governo iniciou campanha contra um dos candidatos à sucessão presidencial, José Américo de Almeida, acusando-o de ter posições e apoio comunistas. Finalmente, um documento forjado por oficiais integralistas foi usado como pretexto final para fechar o Congresso e decretar nova Constituição. O documento, batizado de Plano Cohen, descrevia um pretenso plano comunista para derrubar o governo. Para causar mais impacto, o plano previa o assassinato de vários políticos.

O golpe de 1937 e o estabelecimento do Estado Novo contaram com o apoio entusiasta dos integralistas. Poucos dias antes, eles tinham feito desfilar mais de 40 mil adeptos pelas ruas do Rio de Janeiro em apoio ao governo. A reação ao golpe foi pequena. Apenas dois governadores, os da Bahia e de Pernambuco, manifestaram desagrado. Foram substituídos sem dificuldade. A falta de oposição pode parecer surpreendente, pois a mobilização política vinha num crescendo desde 1930. A expectativa mais lógica seria a de forte reação ao golpe. Como explicar a passividade geral?

São várias as razões. Uma delas tinha a ver com o apoio dos integralistas ao golpe. Seus chefes achavam que seria a oportunidade de chegarem ao poder, de executarem o equivalente da Marcha sobre Roma dos fascistas italianos. Outra razão era a bandeira da luta contra o comunismo. O governo sem dúvida exagerara o perigo comunista, mas o fizera exatamente por conhecer o medo que uma população profundamente católica tinha do regime soviético. Um terceiro motivo relaciona-se com a postura nacionalista e industrializante do governo. Ao mesmo tempo em que anunciava o fechamento do Congresso, Vargas pregava o desenvolvimento econômico, o crescimento industrial, a construção de estradas de ferro, o fortalecimento das forças armadas e da defesa nacional. Em um mundo com sinais claros de que se caminhava para outra guerra mundial, esses projetos tinham forte apelo. Até mesmo a oposição de esquerda se dividiu diante do golpe, achando alguns líderes que seus aspectos nacionalistas mereciam apoio.

O nacionalismo econômico do Estado Novo só fez crescer com o passar do tempo. Seus cavalos de batalha foram a siderurgia e o petróleo. No primeiro caso, uma luta de muitos anos opunha os nacionalistas, que queriam usar os vastos recursos minerais do país para criar um parque siderúrgico nacional, e os liberais, que preferiam exportar o minério. Vargas negociou com os Estados Unidos a entrada do Brasil na guerra em troca de apoio para construir uma grande siderúrgica estatal. A siderúrgica de Volta Redonda tornou-se um dos símbolos do nacionalismo brasileiro. No caso do petróleo, a luta foi contra as companhias estrangeiras, contrárias a uma política de restrição a sua ação no país. O governo ditatorial criou um Conselho Nacional de Petróleo, primeiro passo para o estabelecimento do monopólio estatal da exploração e refino do petróleo que só foi possível quando Vargas voltou ao poder na década de 50.

Por último, podem-se mencionar como causa da pequena resistência as transformações econômicas por que o país já passara desde 1930. A Grande Depressão produzira efeitos dramáticos sobre o preços do café e reduzira a capacidade de importação. Uma das consequências foi um forte movimento de substituição de importações com base no crescimento de indústrias nacionais. O mercado interno expandiu-se, ligando os interesses de produtores de várias partes do país. Uma economia até então pouco integrada, com o eixo dinâmico voltado para fora, passou a criar e fortalecer laços internos, a nacionalizar os mercados de trabalho e de consumo. A centralização política e a unidade nacional, salientadas pela nova elite política, ganhavam assim base material consistente.

A autonomia dos estados, tão enfatizada pelas oligarquias, perdia parte de sua sustentação, uma vez que os interesses dos produtores passavam a depender do mercado nacional. Isto era particularmente verdadeiro para o estado de São Paulo, onde se desenvolvia com maior velocidade o parque industrial do país. Vargas foi cuidadoso em estabelecer boas relações com os industriais paulistas, ao mesmo tempo que não descuidava das medidas de proteção aos preços do café. Não por acaso, o interventor de São Paulo, consultado previamente sobre o golpe, deu sua aprovação, mesmo sendo paulista e candidato à presidência da República. Em 1932 os paulistas foram à guerra em nome da constitucionalização. Em 1937 davam, pelo interventor, seu apoio ao golpe e ao governo ditatorial. Nada mais revelador das grandes mudanças que se tinham verificado.

A aceitação do golpe indica que os avanços democráticos posteriores a 1930 ainda eram muito frágeis. A vida nacional sofrera uma sacudida, mas tanto as convicções como as práticas democráticas apenas engatinhavam. A oposição ao Estado Novo só ganhou força por efeito das mudanças externas trazidas com o final da Segunda Guerra Mundial. De 1937 a 1945 o país viveu sob um regime ditatorial civil, garantido pelas forças armadas, em que as manifestações políticas eram proibidas, o governo legislava por decreto, a censura controlava a imprensa, os cárceres se enchiam de inimigos do regime.

Nem mesmo os integralistas escaparam da repressão. Desapontados por não terem conquistado o poder em 1937, tentaram seu próprio golpe em 1938. Da ação participaram civis e militares da Marinha e do Exército. O objetivo era prender o presidente da República e assumir o controle do Estado. Como em 1935, o golpe fracassou e deu oportunidade ao governo para completar o expurgo das forças armadas. A vitória do governo deixou clara a natureza do regime. Não se tratava de fascismo ou nazismo, que recorriam a grandes mobilizações de massa. O Estado Novo não queria saber de povo nas ruas. Era um regime mais próximo do salazarismo português, que misturava repressão com paternalismo, sem buscar interferir exageradamente na vida privada das pessoas. Era um regime autoritário, não totalitário ao estilo do fascismo, do nazismo ou do comunismo.

Um dos aspectos do autoritarismo estado-novista revelou-se no esforço de organizar patrões e operários por meio de uma versão local do corporativismo. Empregados e patrões eram obrigados a filiar-se a sindicatos colocados sob o controle do governo. Tudo se passava dentro de uma visão que rejeitava o conflito social e insistia na cooperação entre trabalhadores e patrões, supervisionada pelo Estado. Complementando este arranjo, o governo criou órgãos técnicos para substituir o Congresso. Desses órgãos participavam representantes dos empresários e especialistas do próprio governo. A política era eliminada, tudo se discutia como se se tratasse de assunto puramente técnico, a ser decidido por especialistas.

OS DIREITOS SOCIAIS NA DIANTEIRA (1930-1945)

Se o avanço dos direitos políticos após o movimento de 1930 foi limitado e sujeito a sérios recuos, o mesmo não se deu com os direitos sociais. Desde o primeiro momento, a liderança que chegou ao poder em 1930 dedicou grande atenção ao problema trabalhista e social. Vasta legislação foi promulgada, culminando na Consolidação das Leis do Trabalho (CLT), de 1943. A CLT, introduzida em pleno Estado Novo, teve longa duração: resistiu à democratização de 1945 e ainda permanece até hoje em vigor com poucas modificações de fundo. O período de 1930 a 1945 foi o grande momento da legislação social. Mas foi uma legislação introduzida em ambiente de baixa ou nula participação política e de precária vigência dos direitos civis. Este pecado de origem e a maneira como foram distribuídos os benefícios sociais tornaram duvidosa sua definição como conquista democrática e comprometeram em parte sua contribuição para o desenvolvimento de uma cidadania ativa.

Vimos que na Primeira República a ortodoxia liberal não admitia a ação do Estado na área trabalhista e a limitava na área social. Havia, no entanto, um grupo influente que destoava do liberalismo dominante e propunha a adoção de ampla legislação social. Por sua influência na legislação da década de 30, ele merece atenção. Trata-se dos positivistas.

A corrente mais forte do positivismo brasileiro, chamada de ortodoxa, manteve-se fiel ao pensamento de Augusto Comte. No que se refere à questão social, Comte dizia que o principal objetivo da política moderna era incorporar o proletariado à sociedade por meio de medidas de proteção ao trabalhador e a sua família. O positivismo afastava-se das correntes socialistas ao enfatizar a cooperação entre trabalhadores e patrões e ao buscar a solução pacífica dos conflitos. Ambos deviam agir de acordo com o interesse da sociedade, que era superior aos seus. Os operários deviam respeitar os patrões, os patrões deviam tratar bem os operários. Os positivistas ortodoxos brasileiros seguiram ao pé da letra essa orientação.

Logo no início da República, ainda em 1889, eles sugeriram ao governo provisório uma legislação social muito avançada para a época. Ela incluía jornada de trabalho de sete horas, descanso semanal, férias anuais, licença remunerada para tratamento de saúde, aposentadoria, pensão para as viúvas, estabilidade aos sete anos de trabalho. Naturalmente, a proposta não foi levada a sério. Mas políticos ligados ao positivismo continuaram a apresentar projetos de lei voltados para a questão social. Se conseguiram pouco durante a Primeira República, pelo menos contribuíram para criar mentalidade favorável à política social.

A maior influência do positivismo ortodoxo no Brasil verificou-se no estado do Rio Grande do Sul. A constituição republicana gaúcha incorporou várias ideias positivistas. O fato de o chefe da revolução de 1930, Getúlio Vargas, e seu primeiro-ministro do Trabalho, Lindolfo Collor, serem rio-grandenses ajuda a explicar a ênfase que passou a ser dada à questão social. Lindolfo Collor, em sua justificação da nova orientação do governo revolucionário, mencionava explicitamente as diretrizes de Augusto Comte. O Ministério do Trabalho, Indústria e Comércio foi criado ainda em 1930, menos de dois meses após a vitória da revolução. Embora abrangesse a indústria e o comércio, toda a sua energia era dirigida para a área do trabalho e da legislação social. O próprio ministro referia-se a ele com frequência simplesmente como Ministério do Trabalho e dizia ser ele por excelência o "Ministério da Revolução". Como auxiliares, o ministro convocou alguns antigos batalhadores das leis sociais e trabalhistas, merecendo menção especial Evaristo de Morais e Joaquim Pimenta. O ministério agiu rapidamente em três direções, a trabalhista, a da previdência social e a sindical.

Na área trabalhista, foi criado em 1931 o Departamento Nacional do Trabalho. Em 1932, foi decretada a jornada de oito horas no comércio e na indústria. Nesse mesmo ano, foi regulamentado o trabalho feminino, proibindo-se o trabalho noturno para mulheres e estabelecendo-se salário igual para homens e mulheres. O trabalho de menores só foi efetivamente regulado em 1932, apesar da existência de legislação anterior a 1930. No mesmo ano de 1932 foi criada a carteira de trabalho, documento de identidade do trabalhador, muito importante como prova nas disputas judiciais com os patrões. Essas disputas encontraram um mecanismo ágil de arbitramento nas Comissões e Juntas de Conciliação e Julgamento, criadas também em 1932 como primeiro esboço de uma justiça do trabalho. As Comissões reconheciam convenções coletivas de trabalho, quebrando a tradição jurídica liberal de só admitir contratos individuais.

Entre 1933 e 1934, o direito de férias foi regulamentado de maneira efetiva para comerciários, bancários e industriários. A Constituição de 1934 consagrou a competência do governo para regular as relações de trabalho, confirmou a jornada de oito horas e determinou a criação de um salário mínimo capaz de atender às necessidades da vida de um trabalhador chefe de família. O salário mínimo foi adotado em 1940. A Constituição criou também a Justiça do Trabalho, que entrou em pleno funcionamento em 1941. Em 1943, veio a Consolidação das Leis do Trabalho, uma codificação de todas as leis trabalhistas e sindicais do período. A CLT teve impacto profundo e prolongado nas relações entre patrões, empregados e Estado.

Na área da previdência, os grandes avanços se deram a partir de 1933. Nesse ano, foi criado o Instituto de Aposentadoria e Pensão dos Marítimos (IAPM), dando início a um processo de transformação e ampliação das Caixas de Aposentadoria e Pensão (CAPs) da década de 20. No ano anterior, havia cerca de 140 CAPs, com cerca de 200 mil segurados. Os institutos (IAPs) inovaram em dois sentidos. Não eram baseados em empresas, como as CAPs, mas em categorias profissionais amplas, como marítimos, comerciários, bancários etc. Além disso, a administração dos IAPs não ficava a cargo de empregados e patrões, como no caso das CAPs. O governo era agora parte integrante do sistema. O presidente da República nomeava o presidente de cada IAP, que contava com um Conselho de Administração formado de maneira paritária por representantes das organizações sindicais de patrões e empregados.

A criação dos IAPs prosseguiu ao longo da década, ampliando continuamente a rede de beneficiados. Ao IAPM seguiram-se o instituto dos bancários (IAPB) e o dos comerciários (Iapc), em

1934, o dos industriários (Iapi), em 1936, o dos empregados em transportes e cargas (Iapetec) e o da estiva (Iape), em 1938. Nesse último ano foi também criado o Instituto de Previdência e Assistência dos Servidores do Estado (Ipase). Desse modo, em cinco anos a previdência social foi estendida a quase todos os trabalhadores urbanos. Foi rapidamente atendida uma velha reivindicação dos trabalhadores.

Os recursos dos IAPs provinham do governo, dos patrões e dos trabalhadores. Os benefícios concedidos variavam muito segundo o IAP. Todos concediam aposentadoria por invalidez e pensão para dependentes. Os IAPs mais ricos, como o dos bancários, forneciam ainda aposentadoria por tempo de trabalho, auxílio médico-hospitalar, auxílio para caso de doença, de morte, de parto. Salientou-se entre os IAPs o dos industriários, o maior de todos. Criado em 1936, regulamentado em 1937, o Iapi já contava em 1938 com mais de 1 milhão de inscritos. Além disso, ele inovou em matéria de administração, introduzindo o sistema do mérito verificado por meio de concursos públicos. O Iapi tornou-se famoso pelos técnicos competentes que formou e que tiveram posteriormente grande influência na política previdenciária.

Ao lado do grande avanço que a legislação significava, havia também aspectos negativos. O sistema excluía categorias importantes de trabalhadores. No meio urbano, ficavam de fora todos os autônomos e todos os trabalhadores (na grande maioria, trabalhadoras) domésticos. Estes não eram sindicalizados nem se beneficiavam da política de previdência. Ficavam ainda de fora todos os trabalhadores rurais, que na época ainda eram maioria. Tratava-se, portanto, de uma concepção da política social como privilégio e não como direito. Se ela fosse concebida como direito, deveria beneficiar a todos e da mesma maneira. Do modo como foram introduzidos, os benefícios atingiam aqueles a quem o governo decidia favorecer, de modo particular aqueles que se enquadravam na estrutura sindical corporativa montada pelo Estado. Por esta razão, a política social foi bem caracterizada por Wanderley G. dos Santos como "cidadania regulada", isto é, uma cidadania limitada por restrições políticas.

Para entender melhor este aspecto, é preciso analisar a atuação do novo governo na área sindical. Do ponto de vista político, essa atuação constituiu o cerne da estratégia do governo. O primeiro decreto sobre sindicalização veio em 1931. Nele estava embutida a filosofia do governo em relação ao assunto. Ela se parecia com a visão dos positivistas do início do século e também com a doutrina social da Igreja Católica. As relações entre capital e trabalho deveriam ser harmônicas, e cabia ao Estado garantir a harmonia, exercendo papel de regulação e arbitramento. A organização sindical deveria ser o instrumento da harmonia. O sindicato não deveria ser um órgão de representação dos interesses de operários e patrões, mas de cooperação entre as duas classes e o Estado. Os reformistas de 1930 foram, no entanto, muito além do que desejavam os positivistas no que se refere ao controle do Estado. O sistema evoluiu na direção de um corporativismo de Estado, a exemplo do que se passava na Itália.

A lei de 1931 foi elaborada por velhos militantes trabalhistas reunidos pelo ministro do Trabalho. Introduzia grandes modificações na lei de 1907. As principais foram as seguintes: o sindicato deixava de ser uma instituição de direito privado e passava a ter personalidade jurídica pública; o sindicato deixava de ser órgão de representação dos interesses dos operários para ser "órgão consultivo e técnico" do governo; a pluralidade sindical, isto é, a possibilidade de existir mais de um sindicato por categoria profissional foi eliminada e substituída pela unicidade sindical.

Outros aspectos do decreto de 1931 e de decretos que se seguiram merecem ser citados. A ligação dos sindicatos com o governo ia além da de órgãos consultivos e técnicos. O governo mantinha delegados seus dentro dos sindicatos. Os delegados assistiam às reuniões, examinavam a situação financeira e enviavam relatórios trimestrais ao governo. Os sindicatos funcionavam sob estrita vigilância, podendo o governo intervir caso suspeitasse de alguma irregularidade. Além disso, embora a sindicalização não fosse obrigatória, o governo reservava certas vantagens para os operários que pertencessem a sindicatos reconhecidos pelo Ministério do Trabalho. Por exemplo, só os sindicalizados faziam jus à proteção do governo em caso de perseguição por parte dos empregadores; só os sindicalizados podiam recorrer às Comissões e Juntas de Conciliação e Julgamento criadas em 1932; só os sindicalizados tinham direito a férias; só os sindicalizados podiam beneficiar-se da legislação previdenciária.

Aberta a assembleia constituinte em 1934, algumas mudanças liberalizantes foram feitas nessa legislação. A principal delas foi o fim da unicidade sindical. Bastava que um terço dos operários de uma categoria profissional dentro do município se reunisse para que fosse possível criar um sindicato. Foram também eliminados os delegados do governo dentro dos sindicatos. Mas um decreto de 1934 contrariou o dispositivo da Constituição que estabelecia "completa autonomia dos sindicatos". Não por acaso que ele foi publicado quatro dias antes da promulgação da Constituição. Era uma reação antecipada à postura mais liberal dos constituintes. O decreto manteve a definição do sindicato como órgão de colaboração com o Estado. Exigia o reconhecimento pelo Ministério do Trabalho, ao qual os sindicatos deviam enviar seus estatutos e a relação dos associados. Regulava ainda o funcionamento interno dos sindicatos. Pelo lado positivo, aumentava as garantias dos operários sindicalizados, sobretudo dos que ocupavam posições de direção contra as perseguições patronais.

Este último ponto era importante. Toda a legislação de que vimos falando aplicava-se tanto aos operários como aos patrões. A ênfase tem sido dada pelos estudiosos aos operários porque era em relação a eles que ela trazia novidades. Os empregadores havia muito tempo tinham suas organizações — associações de comerciantes, de industriais, de proprietários rurais — suficientemente fortes para defender seus interesses perante o governo. Eles tinham resistido sistematicamente às tentativas de introdução da legislação social. Interessava-lhes uma postura puramente liberal da parte do governo, pois no livre confronto de forças eram eles que levavam vantagem. Foi negativa também sua reação à legislação trabalhista e sindical posterior a 1930. A proteção do Estado ao trabalhador sindicalizado modificava a situação de confronto direto existente anteriormente e aumentava o poder relativo dos operários.

Para os últimos, a situação apresentava um dilema de difícil solução. De um lado, a entrada do Estado como mediador das relações de trabalho equilibrava um pouco a situação de desigualdade de forças e era favorável aos operários. Não por acaso a legislação de 1931 foi redigida por advogados havia muito envolvidos na defesa de direitos trabalhistas e sociais. Eles sabiam que sem legislação protetora a luta era desigual. Insistiam na unicidade sindical, sob o argumento de que a pluralidade enfraquecia a classe na luta contra os empregadores. O inimigo a ser combatido era o liberalismo das velhas oligarquias e dos patrões. Mas a interferência do Estado era uma faca de dois gumes. Se protegia com a legislação trabalhista, constrangia com a legislação sindical. Ao proteger, interferia na liberdade das organizações operárias, colocava-as na dependência do Ministério do Trabalho. Se os operários eram fracos para se defender dos patrões, eles também o eram para se defender do Estado. Houve reação à sindicalização oficial por parte dos operários, sobretudo os do Rio e de São Paulo, onde era mais forte a tradição de luta. As correntes anarquistas eram por definição contrárias a qualquer interferência do governo. Concebiam a luta sindical como enfrentamento direto dos patrões.

De 1931 a 1939, quando uma legislação sindical mais rígida foi introduzida, o movimento operário viveu com mais intensidade o dilema: liberdade sem proteção ou proteção sem liberdade. O ponto central era o desequilíbrio de forças entre operariado e patronato. Onde o desequilíbrio era menor, como no Rio e em São Paulo, os custos do liberalismo eram mais baixos e as vantagens do protecionismo eram também menores, acontecendo o oposto onde era fraco o movimento operário. Daí também maior resistência à estrutura oficial nas duas maiores cidades e a maior aceitação nas outras. Para um operário de Belo Horizonte, por exemplo, com menor tradição de luta e de organização, o apoio do Estado e os privilégios do sindicalismo oficial ofereciam um atrativo difícil de recusar. Os dados sobre o número de sindicatos indicam esta diferença entre os estados. Em 1934, São Paulo e o Distrito Federal tinham 43,9% do total nacional de sindicatos; em 1939, a porcentagem tinha caído para 21,4%.

A partir de 1930, começou também a haver grandes mudanças demográficas no país. A imigração estrangeira, que tanto afetara a composição da classe operária, sobretudo de São Paulo, reduzira-se drasticamente por razões externas e internas. O grande afluxo de italianos acabara, e o governo introduzira restrições à imigração em 1934, visando a coibir a entrada de japoneses. A média anual de entrada de imigrantes de 1931 a 1935 foi de 18.065, e de 1936 a 1940, de 10.795, comparada à média de mais de 110 mil na última década do século XIX. Em contrapartida, intensificou-se a migração interna do Norte e Nordeste para o Sul. São Paulo e o Distrito Federal foram particularmente atingidos por esse movimento populacional. O saldo positivo da migração interna em São Paulo, isto é, a diferença entre as pessoas que entraram e saíram, fora de 18.924 entre 1900 e 1920. Entre 1920 e 1940 passou para 432.862, e continuou a aumentar daí para diante. A composição da classe operária nesse estado modificou-se, deixando de ser predominantemente estrangeira.

O governo mudara sua posição em relação ao imigrante estrangeiro. Durante o século XIX e até a Primeira Guerra Mundial, o imigrante era bem-vindo e subsidiado. Havia necessidade de substituir os escravos e abastecer de mão de obra as lavouras de café. Depois da guerra, o estrangeiro passou a ser visto como agitador, corruptor do operário nacional. O governo tentou criar animosidade entre o operariado nacional e o de origem estrangeira, acusando o último de privar o primeiro de seus empregos. A lei de sindicalização de 1931 continha um dispositivo que obrigava as empresas a contratar um mínimo de dois terços de operários nacionais. O Estado Novo reforçou o intervencionismo governamental. No que se refere à legislação sindical, a nova orientação refletiu-se em decreto de 1939 e na Consolidação das Leis do Trabalho, de 1943. Tanto no decreto como na CLT, fez-se sentir a influência da *Carta del Lavoro*, a lei sindical corporativa do fascismo italiano. Foi restabelecida a unicidade sindical, e o controle do Estado sobre os sindicatos tornou-se mais rígido. Exigia-se carta de reconhecimento do Ministério do Trabalho para que o sindicato pudesse funcionar legalmente; o orçamento e as decisões das assembleias deviam ser aprovados pelo Ministério; o ministro podia intervir nos sindicatos quando julgasse conveniente. Aperfeiçoou-se também o enquadramento sindical, isto é, a definição das categorias econômicas e profissionais que poderiam organizar sindicatos, valendo tanto para patrões como para empregados. Todas as atividades econômicas foram classificadas para efeito de enquadramento.

A Justiça do Trabalho foi aperfeiçoada. Além das Comissões e Juntas de Conciliação e Julgamento, foram criados Tribunais Regionais do Trabalho e um Tribunal Superior do Trabalho. Em todas as instâncias havia justiça paritária, isto é, ao lado dos juízes profissionais, havia vogais (representantes) dos sindicatos dos empregados e dos empregadores, em número igual. Essa justiça trabalhista, endossada e aperfeiçoada pela Constituição de 1946, permanece quase intata até hoje. A única mudança importante foi a eliminação dos juízes classistas, por lei de 1999.

A estrutura sindical era como uma pirâmide, em cuja base estavam os sindicatos. Um mínimo de cinco sindicatos podia formar uma federação, três federações podiam formar uma confederação. Os sindicatos em geral tinham base municipal, as federações, base estadual; e as confederações, base nacional. Os sindicatos elegiam representantes para as federações e estas para as confederações. As federações e confederações faziam listas de nomes para escolha, pelo presidente da República, dos membros classistas dos Tribunais Regionais do Trabalho e do Tribunal Superior do Trabalho.

O último esteio importante da legislação sindical do Estado Novo foi o imposto sindical, criado em 1940, ainda vigente até hoje, apesar dos esforços para extingui-lo. A despeito das vantagens concedidas aos sindicatos oficiais, muitos deles tinham dificuldade em sobreviver por falta de recursos. O imposto sindical veio dar-lhes o dinheiro sem exigir esforço algum de sua parte. A solução foi muito simples: de todos os trabalhadores, sindicalizados ou não, era descontado anualmente, na folha de pagamento, o salário de um dia de trabalho. Os empregadores também contribuíam. Do total arrecadado, 60% ficavam com o sindicato da categoria profissional, 15% iam para as federações, 5% para as confederações. Os 20% restantes formavam um Fundo Social Sindical, na prática utilizado pelo Ministério do Trabalho para as mais diversas finalidades, algumas delas escusas, como o financiamento de campanhas eleitorais (após a redemocratização de 1945).

É fácil perceber as consequências desse imposto. Todos os sindicatos passaram a dispor de recursos para manter sua burocracia. Os mais ricos tinham dinheiro para oferecer benefícios adicionais aos sócios, tais como assistência jurídica, médica, dentária etc. Não era necessário fazer campanha pela sindicalização, pois o imposto era cobrado compulsoriamente de todos, embora beneficiasse apenas alguns. Se o imposto não incentivava a sindicalização, incentivava a formação de sindicatos, pois era a maneira mais simples de conseguir recursos sem fazer força. Houve proliferação de pequenos sindicatos.

O acréscimo de autoritarismo na legislação sindical, mantendo embora os aspectos positivos já mencionados, acentuou alguns traços negativos. O principal deles foi o peleguismo. A expressão vem da palavra "pelego", peça de lã de carneiro que se coloca sobre a sela de montaria para torná-la mais confortável para o cavaleiro. O pelego sindical, em geral um operário, embora a expressão possa ser também aplicada aos patrões, era aquele funcionário que procurava beneficiar-se do sistema, bajulando o governo e o empregador e negligenciando a defesa dos interesses da classe. Juntos, o imposto sindical, a estrutura piramidal e a justiça do trabalho constituíram um viveiro de pelegos. Eles reinavam nas federações, confederações e tribunais. Cada sindicato, independentemente de seu tamanho, tinha um representante com direito a voto nas federações, e essas um representante com voto nas confederações. Federações e confederações, por sua vez, indicavam os vogais da justiça do trabalho. Era fácil controlar os votos dos pequenos sindicatos e por meio deles montar uma máquina para controlar os órgãos superiores.

Os pelegos eram aliados do governo e dos empregadores, de quem também recebiam favores. Sempre avessos a conflito, alguns podiam ser bons administradores dos recursos sindicais e com isto tornar o sindicato atraente pelos benefícios que oferecia. Mas, em geral, eram figuras detestadas pelos sindicalistas mais aguerridos. Grande parte da luta sindical após a redemocratização de 1945 se deu em torno da tentativa de desalojar os pelegos de suas posições de poder. O aspecto irônico é que os renovadores muitas vezes usavam na luta o mesmo sistema que permitira o surgimento dos pelegos. Líderes mais politizados chegavam à cúpula sindical sem contato com as bases operárias nas fábricas. Mudava-se, então, apenas a cúpula. Um ministro do Trabalho favorável aos interesses do operariado podia usar a máquina da mesma maneira que um ministro que lhes fosse hostil. Em um caso como no outro, a base operária era excluída, e o poder sindical se resumia a um estado-maior sem tropa.

Em toda essa legislação houve um grande ausente: o trabalhador rural. Embora não fossem explicitamente excluídos, exigia-se lei especial para sua sindicalização, que só foi introduzida em 1963. A extensão da legislação social ao campo teve que esperar os governos militares para ser implementada. Esse grande vazio na legislação indica com clareza o peso que ainda possuíam os proprietários rurais. O governo não ousava interferir em seus domínios levando até eles a legislação protetora dos direitos dos trabalhadores. O receio de atingir a classe média urbana pode também ter influenciado o esquecimento dos trabalhadores domésticos. Quanto aos autônomos, talvez não apresentassem naquele momento problemas políticos nem econômicos que justificassem preocupação do governo em cooptá-los e controlá-los.

Apesar de tudo, porém, não se pode negar que o período de 1930 a 1945 foi a era dos direitos sociais. Nele foi implantado o grosso da legislação trabalhista e previdenciária. O que veio depois foi aperfeiçoamento, racionalização e extensão da legislação a número maior de trabalhadores. Foi também a era da organização sindical, só modificada em parte após a segunda democratização, de 1985. Para os beneficiados, e para o avanço da cidadania, o que significou toda essa legislação? O significado foi ambíguo. O governo invertera a ordem do surgimento dos direitos descrita por Marshall, introduzira o direito social, antes da expansão dos direitos políticos. Os trabalhadores foram incorporados à sociedade por virtude das leis sociais e não de sua ação sindical e política independente. Não por acaso, a leis de 1939 e 1943 proibiam as greves.

A situação é ainda mais complexa se lembrarmos que a ação governamental dividia a classe operária. Os setores menos organizados estavam dispostos a pagar o preço da restrição política para ter o benefício dos direitos trabalhistas e sociais. Isso ficou claro no final do Estado Novo. Ao perceber que a guerra caminhava para um final desfavorável ao Eixo, Vargas teve a certeza de que a ditadura não sobreviveria, apesar de estar lutando ao lado dos prováveis vencedores. Começou, então, a preparar a transição para um regime constitucional. Uma das táticas utilizadas foi tentar ganhar o apoio dos trabalhadores usando o argumento da legislação social e trabalhista.

A partir de 1943, o ministro do Trabalho, Alexandre Marcondes Filho, começou a transmitir pelo rádio, durante a *Hora do Brasil*, uma série de palestras dirigidas aos trabalhadores. O programa era de transmissão obrigatória por todas as rádios. Nele creditava-se ao Estado Novo o estabelecimento da dignidade do trabalho e do trabalhador, e a transformação em homem novo, em novo cidadão, de quem antes era excluído da comunidade nacional. Eram citadas as leis trabalhistas e previdenciárias, e outros programas, como os de construção de casas populares e de oferta de alimentação barata. O regime era apresentado como identificado com o povo e, como tal, democrático. Vargas era exaltado como o grande estadista que se tinha aproximado do povo, que lutava pelo povo, que se identificava com o povo. Era o grande benfeitor, o "pai dos pobres". À medida que se aproximava o fim do regime, o próprio Vargas passou a se dirigir aos operários em grandes comícios organizados com o apoio da máquina sindical. A propaganda não caiu no vazio. Enquanto as forças liberais se organizavam para depor o ditador, as forças populares se congregavam em movimento oposto que lutava por sua permanência no poder. Criou-se o "queremismo", nome tirado da expressão "queremos Vargas". O apoio a Vargas atingiu o ponto alto quando Luís Carlos Prestes, libertado da prisão onde se encontrava por causa da revolta de 1935, aderiu publicamente ao "queremismo".

Vargas foi, afinal, derrubado por seus próprios ministros militares em 1945. Sua força popular, no entanto, se fez logo sentir. A luta sucessória foi decidida em favor do general Eurico Gaspar Dutra, seu ministro da Guerra, graças ao apoio que lhe deu o ex-presidente, poucos dias antes das eleições. Ao se candidatar à eleição presidencial de 1950, o ex-ditador não teve dificuldade em eleger-se, conquistando quase 49% dos votos, contra apenas 30% do competidor mais próximo. Seu segundo governo foi o exemplo mais típico do populismo no Brasil e consolidou sua imagem de "pai dos pobres".

É preciso, portanto, reconhecer que a inversão da ordem dos direitos, colocando os sociais à frente dos políticos, e mais ainda, sacrificando os últimos aos primeiros, não impediu a popularidade de Vargas, para dizer o mínimo. A ênfase nos direitos sociais encontrava terreno fértil na cultura política da população, sobretudo da população pobre dos centros urbanos. Essa população crescia rapidamente graças à migração dos campos para as cidades e do nordeste para o sul do país. O populismo era um fenômeno urbano e refletia esse novo Brasil que surgia, ainda inseguro mas distinto do Brasil rural da Primeira República, que dominara a vida social e política até 1930. O populismo, no Brasil, na Argentina ou no Peru implicava uma relação ambígua entre os cidadãos e o governo. Era avanço na cidadania, na medida em que trazia as massas para a política. Mas, em contrapartida, colocava os cidadãos em posição de dependência perante os líderes, aos quais votavam lealdade pessoal pelos benefícios que eles de fato ou supostamente lhes tinham distribuído. A antecipação dos direitos sociais fazia com que os direitos não fossem vistos como tais, como independentes da ação do governo, mas como um favor em troca do qual se deviam gratidão e lealdade. A cidadania que daí resultava era passiva e receptora antes que ativa e reivindicadora.

A VEZ DOS DIREITOS POLÍTICOS (1945-1964)

Após a derrubada de Vargas, foram convocadas eleições presidenciais e legislativas para dezembro de 1945. As eleições legislativas destinavam-se a escolher uma assembleia constituinte, a terceira desde a fundação da República. O presidente eleito, general Eurico Gaspar Dutra, tomou posse em janeiro de 1946, ano em que a assembleia constituinte concluiu seu trabalho e promulgou a nova constituição. O país entrou em fase que pode ser descrita como a primeira experiência democrática de sua história.

A primeira experiência democrática

A Constituição de 1946 manteve as conquistas sociais do período anterior e garantiu os tradicionais direitos civis e políticos. Até 1964, houve liberdade de imprensa e de organização política. Apesar de tentativas de golpes militares, houve eleições regulares para presidente da República, senadores, deputados federais, governadores, deputados estaduais, prefeitos e vereadores. Vários partidos políticos nacionais foram organizados e funcionaram livremente dentro e fora do Congresso, à exceção do Partido Comunista, que teve seu registro cassado em 1947. Uma das poucas restrições sérias ao exercício da liberdade referia-se ao direito de greve. Greves só eram legais se autorizadas pela justiça do trabalho. Essa exigência, embora conflitante com a Constituição, sobreviveu até 1964, quando foi aprovada a primeira lei de greve, já no governo militar. O que não impediu que várias greves tenham sido feitas ao arrepio da lei.

A influência de Vargas marcou todo o período. Após a deposição, ele foi eleito senador e manteve postura discreta enquanto preparava a volta ao poder pelo voto. Sua eleição a presidente pelo voto popular, em 1950, representou um grande desapontamento para seus inimigos, que tentaram utilizar meios legais e manobras políticas para impedir sua posse. Seu segundo governo foi marcado por radicalização populista e nacionalista. O ministro do Trabalho, João Goulart, agia em acordo com os dirigentes sindicais, pelegos ou não. Pelo lado nacionalista, destacou-se a luta pelo monopólio estatal da exploração e refino do petróleo, corporificada na criação da Petrobras, em 1953.

A política populista e nacionalista contava com o apoio dos trabalhadores e de sua máquina sindical, dos setores nacionalistas das forças armadas, sobretudo do Exército, dos setores nacionalistas do empresariado e da intelectualidade, e do Partido Trabalhista Brasileiro (PTB), criado por Vargas ainda antes da deposição em 1945. A oposição vinha principalmente dos liberais, que se tinham oposto ao Estado Novo, agrupados no principal partido de oposição, a União Democrática Nacional (UDN). Vinha também de militares anticomunistas, alguns deles sob a influência norte-americana recebida durante a guerra. Esses militares viam o mundo pelo viés da guerra fria, a marca registrada da política norte-americana do pós-guerra. Alguns deles organizaram em 1949 a Escola Superior de Guerra (ESG), que se tornou centro de doutrinação anticomunista e antivarguista. Vinha, finalmente, de parte do empresariado brasileiro ligado ao capital internacional, e do próprio capital internacional, representado na época sobretudo pelas grandes multinacionais do petróleo, pejorativamente chamadas de "trusts".

Guerra fria, petróleo e política sindical e trabalhista foram exatamente as causas dos principais enfrentamentos políticos. Em torno desses três cavalos de batalha alinharam-se amigos e inimigos do presidente. À medida que a luta se aprofundava, polarizavam-se as posições. De um lado ficavam os nacionalistas, defensores do monopólio estatal do petróleo e de outros recursos básicos, como a energia elétrica, partidários do protecionismo industrial, da política trabalhista, da independência na política externa. Para esses, os inimigos eram entreguistas, pró-americanos, reacionários, golpistas. Do outro lado estavam os defensores da abertura do mercado ao capital externo, inclusive na área dos recursos naturais, os que condenavam a aproximação entre o governo e os sindicatos, os que queriam uma política externa de estreita cooperação com os Estados Unidos. Os oponentes eram por eles estigmatizados como comunistas, sindicalistas, demagogos e golpistas.

Os militares contrários e favoráveis a Vargas dividiram-se irremediavelmente, em 1951 e 1952, em torno da questão do envio de tropas à Coreia, solicitado pelos Estados Unidos. O Clube Militar, que reunia oficiais das três armas, então nas mãos dos nacionalistas, apoiados pelo ministro da Guerra, também ele um nacionalista, tomou posição radicalmente contrária e atacou os Estados Unidos. A facção oposta reagiu prontamente, conseguiu a demissão do ministro da Guerra e o derrotou nas eleições de 1952 para a presidência do Clube Militar. A partir daí, a oposição militar, em aliança com os políticos da UDN, manteve vigilância contínua sobre o governo.

A batalha pelo monopólio estatal do petróleo durou de 1951, quando o projeto foi enviado ao Congresso, até 1953, quando a lei foi assinada. Esta luta distinguiu-se da batalha do Clube Militar por ter chegado às ruas. A Petrobras tornou-se o símbolo do nacionalismo, do anti-imperialismo. A campanha por sua criação reuniu militares nacionalistas, estudantes universitários, líderes sindicais. Houve debates violentos, manifestações públicas e comícios, em que o principal vilão eram as companhias estrangeiras de petróleo. Nenhum outro tema tinha até então apaixonado tanto a opinião pública. No calor da luta, o próprio Vargas foi levado a tomar posição mais radical do que aquela que inicialmente propusera. A lei finalmente aprovada dava à Petrobras o monopólio de toda a prospecção, extração e refino do petróleo, ficando aberta ao capital privado, inclusive estrangeiro, apenas a distribuição.

O embate do populismo, mais precisamente do sindicalismo, centrou-se na figura do ministro do Trabalho e em sua política salarial. João Goulart foi nomeado ministro em 1953. A oposição logo o escolheu como alvo principal de críticas por suas ligações com o mundo sindical. Recorde-se a grande influência que o ministro podia ter dentro da estrutura sindical montada pelo Estado Novo e não modificada após a democratização. Líderes sindicais radicais, alguns do Partido Comunista, tinham conseguido atingir postos na cúpula do sistema sindical e da previdência social e agiam em acordo com Goulart. Não por acaso, o ano de 1954 foi marcado por greves importantes.

Nesse ano, Goulart propôs um aumento de 100% no salário mínimo. Em vigor desde 1940, o salário mínimo, sobretudo a definição de seu valor, tinha se tornado um ponto-chave nas relações do governo com os trabalhadores. A proposta do ministro surgiu um mês depois que um grupo de oficiais do Exército tinha lançado um manifesto contra os baixos salários da classe e em momento de política de contenção de despesas. Houve reação contrária de empresários e de militares. Goulart pediu demissão do cargo, mas Vargas adotou a sugestão e proclamou o novo valor do salário mínimo no Primeiro de Maio, num discurso emocional em que dizia aos trabalhadores que eles no momento estavam com o governo, mas no futuro seriam o governo. A partir daí, a conspiração para derrubar o presidente, envolvendo civis e militares, ganhou força. Infeliz tentativa dos responsáveis por sua guarda pessoal de assassinar o líder da oposição, o udenista Carlos Lacerda, resultou na morte de um oficial da Aeronáutica, major Rubem Vaz. O fato irritou ainda mais os militares e precipitou os acontecimentos. Os chefes das três forças exigiram a renúncia do presidente. Velho e sem a energia e a astúcia que tinham caracterizado sua primeira fase de governo, Vargas preferiu matar-se a ceder ou a lutar. Deu um tiro no coração no dia 24 de agosto de 1954, em seu quarto de dormir no Palácio do Catete, deixando uma carta-testamento de forte conteúdo nacionalista e populista.

A reação popular foi imediata e mostrou que mesmo na morte o prestígio do ex-presidente mantinha-se intato. Multidões foram para as ruas, jornais da oposição foram destruídos, e Carlos Lacerda, vitorioso na véspera, teve que se esconder e sair do país. O antigo ditador, que nunca se salientara pelo amor às instituições democráticas, tornara-se um herói popular por sua política social e trabalhista. O povo identificara nele o primeiro presidente da República que o interpelara diretamente, que se preocupara com seus problemas. O fato de ser preocupação paternalista era irrelevante para os que se sentiram valorizados e beneficiados pelo líder morto. A influência de Vargas projetou-se ainda por vários anos na política nacional. O choque de forças que levou a seu suicídio resolveu-se apenas com o golpe militar de 1964. Foram mais dez anos de intensa luta política que poderiam ter resultado em consolidação democrática, mas que terminaram em derrota dos herdeiros de Vargas e também do primeiro experimento democrático da história do país.

Após a morte do presidente, seguiram-se golpes e contragolpes para impedir ou garantir a posse do novo presidente, Juscelino Kubitschek. As forças antivargas, comandadas pela UDN, foram novamente derrotadas nas eleições de 1955. O candidato vitorioso, Kubitschek, fora apoiado por aliança do Partido Social Democrático (PSD), também criado por Vargas antes do fim do Estado Novo, com o PTB, que forneceu o vice-presidente, João Goulart. Kubitschek não era um nacionalista e um trabalhista como Vargas e Goulart. Mas sua eleição, que se deu com apenas 35,7% dos votos, foi considerada pelos inimigos como a continuação do varguismo e foi contestada até o último momento. Os militares dividiram-se ainda mais, vencendo desta vez os partidários do nacionalismo e da obediência à Constituição. Alguns oficiais da Aeronáutica, ainda inconformados com a morte do companheiro de farda, rebelaram-se depois da posse, mas sem maiores consequências.

Apesar da oposição civil e de revoltas militares, a habilidade do novo presidente permitiu-lhe dirigir o governo mais dinâmico e democrático da história republicana. Sem recorrer a medidas de exceção, à censura da imprensa, a qualquer meio legal ou ilegal de restrição da participação, Kubitschek desenvolveu vasto programa de industrialização, além de planejar e executar a transferência da capital do Rio de Janeiro para Brasília, a milhares de quilômetros de distância. Foi a época áurea do desenvolvimentismo, que não excluía a cooperação do capital estrangeiro. O Estado investiu pesadamente em obras de infraestrutura, sobretudo estradas e energia elétrica. Ao mesmo tempo, tentou atrair o capital privado, nacional e estrangeiro, para promover a industrialização do país. O êxito mais espetacular foi o da indústria automobilística, que as grandes multinacionais implantaram beneficiando-se dos incentivos governamentais.

A fundamentação ideológica do nacionalismo desenvolvimentista vinha do pensamento da Comissão Econômica para a América Latina (Cepal) e foi elaborada no país pelo Instituto Superior de Estudos Brasileiros (Iseb), órgão criado em 1955, ligado ao Ministério da Educação. O Iseb era o equivalente funcional da ESG, mas seu antípoda na ideologia. Contando com intelectuais de prestígio, como Guerreiro Ramos, Álvaro Vieira Pinto e Hélio Jaguaribe, buscou elaborar uma ideologia nacionalista e difundi-la por meio de cursos e conferências. Aos poucos, tornou-se um dos alvos prediletos dos ataques da direita e mesmo dos liberais conservadores.

Os conflitos do último governo Vargas não tinham desaparecido, mas eram amortecidos pelas altas taxas de desenvolvimento econômico, em torno de 7% ao ano, que distribuíam benefícios a todos, operários e patrões, industriais nacionais e estrangeiros. Os sindicatos tinham a presença de Goulart na vice-presidência como garantia de bom relacionamento com o governo: o salário mínimo real atingiu seus índices mais altos até hoje. Os industriais nunca tinham tido incentivos tão generosos. Restava o setor rural. Neste, seguindo a estratégia de Vargas, Kubitschek não tocou. Os proprietários naturalmente ganhavam com o crescimento do mercado interno. Mas os trabalhadores permaneceram fora da legislação social e sindical. Politicamente, Kubitschek apoiou-se na aliança dos dois grandes partidos, PSD e PTB, que lhe deram sustentação até o final. Era aliança que bem revelava sua política de conciliação de interesses. O PSD tinha sua base entre os proprietários rurais, nas velhas oligarquias do interior; o PTB era um partido urbano, com forte apoio na classe operária e no sistema sindical. Enquanto a questão agrária não fosse tocada, o acordo seria possível e funcionou satisfatoriamente.

Ao final do período, no entanto, já surgiam sinais de dificuldades. Os nacionalistas mais radicais mostravam insatisfação com a abertura ao capital estrangeiro e se opunham a acordos com o Fundo Monetário Internacional (FMI). A esquerda alegava que o pacto desenvolvimentista beneficiava mais a burguesia que o operariado. Começaram a surgir exigências de que as reformas fossem estendidas ao setor agrário. Mas Kubitschek teve o mérito de encerrar em paz seu mandato e passar a faixa presidencial ao sucessor. Foi façanha que até hoje nenhum outro presidente civil, eleito popularmente depois de 1930, foi capaz de repetir.

Seu sucessor, Jânio Quadros, foi eleito em 1960 com 48,3% dos votos, derrotando o candidato da coligação PSD/PTB, general Henrique Lott. Quadros foi apoiado pela UDN, mas não pertencia ao partido e nunca se submeteu a seus ditames. Era pessoa imprevisível, que fizera carreira política meteórica e tinha grande capacidade de mobilizar apoio popular, sobretudo das classes médias. Sua vitória foi um feito pessoal e não partidário. Isto ficou evidente pelo fato de seu vice-presidente, um dos principais políticos da UDN, ter sido derrotado por João Goulart, candidato a vice na chapa do PSD/PTB. Não fosse o carisma pessoal de Quadros, as forças varguistas teriam mantido sua tradicional hegemonia. De qualquer modo, por culpa de uma legislação defeituosa, o país ficou na situação de ter um presidente e um vice-presidente eleitos por forças políticas antagônicas.

O governo de Jânio Quadros foi curto. Ele tomou posse em janeiro de 1961 e renunciou em agosto desse mesmo ano, alegando impossibilidade de governar. Nunca esclareceu satisfatoriamente as razões da renúncia. A explicação mais provável é que ela teria sido um estratagema para conseguir poderes especiais do Congresso para governar discricionariamente. Para o êxito do plano, Quadros contaria com a incompatibilidade entre os militares e o vice-presidente João Goulart, que, no momento, convenientemente para Jânio, se achava na China comunista em visita de cortesia. O apoio popular a Quadros e o veto militar a Goulart, segundo esta hipótese, fariam com que a renúncia não fosse aceita e o presidente ganhasse do Congresso os poderes extraordinários que desejava.

Se foi este o cálculo, o fracasso foi total. A renúncia foi aceita imediatamente pelo Congresso. Mas a previsão sobre a reação dos militares fora correta. Os ministros militares declararam não aceitar a posse do vice-presidente, instalando-se uma crise política. Renovou-se a disputa que dividia políticos e militares desde o governo de Vargas. O comandante do III Exército, sediado no Rio Grande do Sul, estado natal do vice-presidente, recusou-se a aceitar a decisão dos ministros militares e defendeu a posse como previa a Constituição. Sua posição foi apoiada por setores legalistas das forças armadas e, naturalmente, por todas as forças populistas e de esquerda geradas no bojo do varguismo.

Por dez dias, o país se viu à beira da guerra civil. A solução encontrada pelo Congresso foi adotar um sistema parlamentarista de governo em substituição ao presidencialismo. Com isto, mantinha-se a sucessão dentro da lei e, ao mesmo tempo, retirava-se do presidente grande parte de seus poderes. Mas foi solução de emergência. Desde o primeiro momento, Goulart e as forças que o apoiavam buscaram reverter a situação e restaurar o presidencialismo. Depois de uma série de primeiros-ministros que não conseguiram governar, o Congresso marcou um plebiscito para janeiro de 1963 para decidir sobre o sistema de governo. Como era de esperar, o presidencialismo venceu por grande maioria e Goulart assumiu os plenos poderes de um presidente.

A partir do plebiscito, a luta política caminhou rapidamente para radicalização sem precedentes. Os conflitos reduziram-se cada vez mais à oposição esquerda/direita, sem deixar espaço para negociação. As direitas civil e militar começaram a organizar-se e preparar-se para o confronto. Surgiram organizações como o Instituto de Pesquisas e Estudos Sociais (Ipes), financiado por empresários nacionais e estrangeiros; o Instituto Brasileiro de Ação Democrática (Ibad), que apoiava financeiramente políticos da oposição e organizações sindicais e estudantis contrárias ao governo; a Ação Democrática Parlamentar (ADP), que reunia deputados conservadores de vários partidos. Essas organizações vinham unir-se a outras mais antigas, como as associações comerciais e industriais, as associações de proprietários rurais, parte da hierarquia da Igreja Católica e a ESG. O bordão do anticomunismo foi usado intensamente. Planos para derrubar o presidente começaram a ser traçados, contando com a simpatia do governo norte-americano.

Do lado da esquerda não houve menor atividade, embora a unidade fosse mais frágil. O esquema sindical do Estado Novo rendeu nesse momento seus melhores frutos políticos. As cúpulas sindicais e dos IAPs tinham passado para o comando de líderes mais autênticos, alguns deles membros do Partido Comunista. Organizações nacionais unificadas de trabalhadores, não permitidas pela CLT, começaram a surgir, tais como o Comando Geral dos Trabalhadores (CGT) e o Pacto de Unidade e Ação (PUA). Entre os anos de 1962 e 1964, várias greves, ou ameaças de greve, de natureza política foram feitas, em geral com o apoio do Ministério do Trabalho e de grandes companhias estatais, como a Petrobras. Em 1962, houve greve a favor do plebiscito sobre a volta do presidencialismo. Em 1963, houve ameaças de greve em favor das reformas de base, do movimento dos sargentos e contra o estado de sítio. Ferroviários, portuários, metalúrgicos, petroleiros, todos operários de empresas estatais, estavam sempre entre os principais sustentáculos das greves e movimentações políticas.

A União Nacional dos Estudantes (UNE) também adquiriu grande dinamismo e influência. Com algum apoio entre estudantes universitários, na época pouco mais de 100 mil, a UNE envolveu-se, ao lado do CGT e outras organizações, em todas as grandes negociações políticas, frequentemente com o apoio do Ministério da Educação. Um deputado do PTB, Leonel Brizola, organizou os "Grupos dos Onze", com características paramilitares, preparados para agir à margem dos mecanismos legais. No Congresso, formou-se uma Frente Parlamentar Nacionalista (FPN) que acolhia deputados de vários partidos comprometidos com a causa nacionalista e popular. Infiltrados em muitos desses movimentos estavam membros do Partido Comunista, sempre hábil em utilizar as brechas do sistema para chegar ao poder. Dissidências desse Partido também se organizavam, como o Partido Comunista do Brasil (PC do B) e Política Operária (Polop), ambos de orientação maoista.

Todas essas organizações tinham pouco suporte popular. A mobilização política, no entanto, atingiu também as bases da sociedade. A Igreja Católica começara a abandonar sua tradicional posição política reacionária e investia no movimento estudantil, no movimento operário e camponês, na educação de base. Seu braço mais politizado era a Ação Popular (AP), um desdobramento da Juventude Universitária Católica (JUC). O Movimento de Educação de Base (MEB), mantido pela Conferência Nacional dos Bispos, fornecia apoio logístico para o trabalho da AP no movimento de sindicalização rural. A UNE, por sua vez, desenvolveu intenso trabalho cultural de mobilização política. Criou um Centro Popular de Cultura em que trabalhavam artistas de talento, sobretudo músicos. Caravanas artísticas percorriam as principais cidades apresentando *shows* em que a arte se misturava estreitamente à propaganda das ideias reformistas. O Iseb promovia conferências e edições baratas de livros de conscientização política.

A grande novidade, no entanto, veio do campo. Pela primeira vez na história do país, excetuando-se as revoltas camponesas do século XIX, os trabalhadores rurais, posseiros e pequenos proprietários entraram na política nacional com voz própria. O movimento começou no Nordeste em 1955, sob o nome de Ligas Camponesas. Ganhou notoriedade com a adesão de um advogado e deputado com grande talento mobilizador, Francisco Julião. Sociedades civis, as Ligas escapavam à legislação sindical e, portanto, ao controle do Ministério do Trabalho. Mas ficavam também fora da proteção das leis trabalhistas, fato que lhes trouxe dificuldades na competição com os sindicatos.

Em 1960 Julião foi a Cuba, onde esteve novamente em 1961, acompanhado de dezenas de militantes. A partir daí, a política das Ligas radicalizou-se e o movimento passou a contar com o apoio financeiro de Cuba. A aproximação com

Cuba assustou ainda mais os proprietários de terras, cuja reação se tornou mais violenta. Os Estados Unidos também se inquietaram e começaram a dirigir para o Nordeste pessoal e recursos da Aliança para o Progresso. Uma parcela das Ligas optou decididamente pela luta armada sob a orientação cubana. Iniciou-se a construção de campos de treinamento em Goiás. Em 1963, o governo promulgou um Estatuto do Trabalhador Rural, que pela primeira vez estendia ao campo a legislação social e sindical. O impacto maior do Estatuto foi sobre o processo de formação de sindicatos rurais, tornado agora muito mais simples e desburocratizado. Impulsionado por grupos de esquerda, inclusive a Igreja e a AP, o sindicalismo rural espalhou-se com rapidez pelo país, relegando as Ligas Camponesas a segundo plano. Em 1964, a Confederação dos Trabalhadores na Agricultura (Contag), formada nesse ano, já englobava 26 federações e 263 sindicatos reconhecidos pelo Ministério. Quase 500 sindicatos aguardavam reconhecimento. Os sindicatos, em regime populista, tinham sobre as Ligas a enorme vantagem de poder contar com o apoio do governo e da grande máquina sindical e previdenciária.

A vinculação ao governo reduz, mas não destrói, a importância da emergência do sindicalismo rural. Em 1960, 55% da população do país ainda morava no campo, e o setor primário da economia ocupava 54% da mão de obra. Desde a abolição da escravidão, em 1888, o Estado não se envolvera nas relações de trabalho agrícola, se excetuarmos a lei de 1903, que teve pouca aplicação. Nem mesmo as lideranças de 1930 e o governo populista de Vargas tiveram vontade ou força para fazê-lo. Os trabalhadores agrícolas tinham ficado à margem da sociedade organizada, submetidos ao arbítrio dos proprietários, sem gozo dos direitos civis, políticos e sociais.

Agora eles emergiam da obscuridade e o faziam pela mão do direito de organização e num regime de liberdade política. Daí que seu movimento aparecia como mais ameaçador do que a sindicalização urbana dos anos 30. A ameaça parecia mais real por vir o sindicalismo rural acoplado a um movimento nacional de esquerda que, entre outras mudanças estruturais, reclamava uma reforma agrária. Esta expressão era anátema para os proprietários, cuja reação não se fez esperar. Muitos fazendeiros se organizaram e se prepararam para resistência armada ao que consideravam um perigo de expropriação de suas terras ao estilo soviético ou cubano. Em alguns pontos do país houve conflitos violentos envolvendo fazendeiros e trabalhadores rurais.

A mobilização política se fazia em torno do que se chamou "reformas de base", termo geral para indicar reformas da estrutura agrária, fiscal, bancária e educacional. Havia ainda demandas de reformas estritamente políticas, como o voto para os analfabetos e para as praças de pré e a legalização do Partido Comunista. Suboficiais e sargentos das forças armadas podiam votar, mas não podiam ser eleitos. A eleição de sargentos tornou-se tema político importante, pois revelava a politização da base da instituição militar, uma ameaça à hierarquia e à disciplina.

O problema da hierarquia militar adquiriu contornos reais em setembro de 1963, quando sargentos da Marinha e da Aeronáutica se rebelaram na nova capital, Brasília, prendendo o presidente da Câmara dos Deputados e um ministro da Suprema Corte. Os sargentos alegavam como motivo para a revolta uma decisão do Supremo Tribunal contrária a seu direito de concorrer a postos eletivos. Alguns deles, confiando em decisão favorável, tinham se candidatado e sido eleitos. Seu mandato era agora declarado nulo pela justiça. A gravidade da revolta cresceu quando a UNE e o CGT deram seu apoio aos sargentos. Além do aspecto político, o episódio refletia também a insatisfação dos sargentos com sua situação funcional. A insatisfação se devia aos baixos soldos e também às regras de promoção e disciplina. Os sargentos necessitavam, por exemplo, da permissão dos superiores para casar. Muitos deles aproveitavam o tempo livre para frequentar cursos universitários e sentiam-se intelectualmente iguais aos oficiais, que, no entanto, gozavam de muitos privilégios a eles negados.

O presidente achava-se imprensado entre os conspiradores de direita, que o queriam derrubar, e os setores radicais da esquerda, que o empurravam na direção de medidas cada vez mais ousadas. Incapaz de determinar um curso próprio de ação, cedeu afinal à esquerda e concordou em realizar grandes comícios populares como meio de pressionar o Congresso a aprovar as "reformas de base". Alguns de seus aliados falavam mesmo em substituir o Congresso por uma assembleia constituinte, medida abertamente revolucionária. As lideranças sindicais sentiam-se confiantes em sua capacidade de mobilizar as bases, o mesmo acontecendo com as lideranças estudantis. Os generais que apoiavam o presidente subestimavam a força da oposição militar.

O primeiro grande comício foi realizado no Rio de Janeiro em março de 1964. Era sexta-feira, 13. O número e o dia da semana eram de mau agouro. A superstição mostrou sua força. Calculou-se a multidão reunida em frente à Central do Brasil em 150 mil pessoas, muitas para lá transportadas com o auxílio de sindicatos e empresas estatais, sobretudo a Petrobras. Forte proteção militar guardava o comício. Foram muitos os discursos inflamados, pedindo reformas e constituinte. O presidente não ficou atrás. Além de discurso populista, assinou dois decretos, um deles nacionalizando uma refinaria de petróleo, o outro desapropriando terras às margens de ferrovias e rodovias federais e de barragens de irrigação.

O decreto mais explosivo era o da desapropriação de terras. A maior dificuldade legal à reforma agrária estava na Constituição, que exigia pagamento em dinheiro das terras desapropriadas. O pagamento em dinheiro elevava muito os custos da reforma, e o Congresso recusava-se a emendar a Constituição nesse item. O decreto era um desafio presidencial aos legisladores. Como tal, serviu aos opositores de argumento para afirmar que o presidente ameaçava a legalidade e o sistema representativo. Para os proprietários rurais, era mais uma prova das intenções revolucionárias do governo.

A partir do comício do dia 13, os acontecimentos se precipitaram. No dia 19 de março um comício foi organizado em São Paulo em protesto contra o do Rio de Janeiro. Promovido por organizações religiosas, sob inspiração de um padre norte-americano e financiado por homens de negócio paulistas, o comício, calculado em 500 mil pessoas, centrou sua retórica no perigo comunista que se alegava vir do governo federal. Outros comícios semelhantes foram planejados para outras capitais sob o lema "Marcha da Família com Deus pela Liberdade", um apelo astucioso aos sentimentos religiosos da grande maioria da população. Em 26 de março de 1964, mais de mil marinheiros e fuzileiros navais se revoltaram no Rio de Janeiro, entrincheirando-se na sede do Sindicato dos Metalúrgicos. Os marinheiros tinham se organizado em uma associação e pediam melhoria de condições de trabalho. Seu líder, cabo Anselmo, foi posteriormente identificado como agente da CIA americana tendo ainda colaborado com os órgãos de repressão durante os governos militares. A reação do presidente foi desastrosa. Substituiu o ministro da Marinha por outro, indicado pelo CGT. O novo ministro anistiou os revoltosos. Como na revolta dos sargentos, o fato de terem os marinheiros utilizado a sede de um sindicato revivia o espectro de uma aliança revolucionária de operários e soldados.

Os oficiais das três forças reagiram pela voz do Clube Militar e do Clube Naval. A revolta dos marinheiros teve efeito decisivo, pois os oficiais ainda dispostos a sustentar a legalidade se viram sem argumentos diante da ameaça que a insubordinação significava para a sobrevivência da organização militar. Agora seus interesses corporativos imediatos estavam ameaçados. Muitos deles ou passaram a apoiar a conspiração, ou deixaram de a ela se opor. A essa altura, o dia 2 de abril já tinha sido escolhido como a data da revolta contra o presidente. Goulart ainda deu um motivo adicional aos conspiradores. Contra o conselho enfático de seus auxiliares, inclusive do futuro presidente eleito Tancredo Neves, compareceu no dia 30 de março a uma reunião de sargentos da Polícia Militar do Rio de Janeiro e fez um discurso radical, transmitido pela televisão para todo o país. Foi a gota de água. Os conspiradores anteciparam a revolta para o dia 31 de março. Tropas do Exército saíram de Minas Gerais e dirigiram-se para o Rio de Janeiro. Seguiram-se momentos de expectativa quanto ao comportamento dos comandos militares. O destino do presidente foi selado quando não aceitou sugestões do comandante de São Paulo, general Amauri Kruel, de repudiar o CGT e o comunismo. As tropas de São Paulo aderiram às de Minas, e o presidente não quis continuar a luta. Voou para Brasília e depois para o Rio Grande do Sul, onde Leonel Brizola insistiu na resistência. A sugestão não foi aceita. Goulart exilou-se no Uruguai, enquanto o Congresso colocava em seu lugar o sucessor legal, o presidente da Câmara dos Deputados.

No auge da crise, revelou-se com nitidez a natureza de cúpula da organização sindical. Os confiantes dirigentes sindicais convocaram uma greve geral para o dia 31 de março em oposição ao golpe. Seu apelo não foi ouvido. As grandes massas em nome das quais falavam os líderes não apareceram para defender o governo. As que apareceram foram as da classe média, no dia 2 de abril, para celebrar a queda do presidente. A grande mobilização política por que passara o país acabava em verdadeiro anticlímax. Apesar do grande barulho feito, via-se agora que o movimento popular era um castelo de cartas.

CONFRONTO E FIM DA DEMOCRACIA

O período de 1930 a 1937 representou um primeiro ensaio de participação popular na política nacional. Foi tentativa ainda hesitante e mal organizada. Não houve tempo para o aprendizado da participação, para a organização de partidos ou movimentos bem enraizados. Além disso, os principais movimentos populares, a ANL e AIB, não eram particularmente simpáticos à democracia representativa. O objetivo de quase todas as correntes políticas da época, em consonância com o ambiente internacional, era o de conquistar o Estado, com ou sem o apoio popular. Ganharam os que já estavam no poder.

Após 1945, o ambiente internacional era novamente favorável à democracia representativa, e isto se refletiu na Constituição de 1946, que, nesse ponto, expandiu a de 1934. O voto foi estendido a todos os cidadãos, homens e mulheres, com mais de 18 anos de idade. Era obrigatório, secreto e direto. Permanecia, no entanto, a proibição do voto do analfabeto. A limitação era importante porque, em 1950, 57% da população ainda era analfabeta. Como o analfabetismo se concentrava na zona rural, os principais prejudicados eram os trabalhadores rurais. Outra limitação atingia os soldados das forças armadas, também excluídos do direito do voto.

A Constituição confirmou também a justiça eleitoral, constituída de um Tribunal Superior Eleitoral na capital federal, e tribunais regionais nas capitais dos estados. Cabia à justiça eleitoral decidir sobre todos os assuntos pertinentes à organização de partidos políticos, alistamento, votação e reconhecimento dos eleitos. Todo o processo ficava, assim, nas mãos de juízes profissionais, reduzindo, embora não eliminasse, as possibilidades de fraude. Essa legislação não sofreu modificações até 1964. Mas ao final do período já eram questionados os artigos que proibiam o voto do analfabeto e dos soldados. Duas decisões tomadas no período representaram retrocesso democrático. A primeira foi em 1947, quando o Partido Comunista teve cassado seu registro e foi proibido de funcionar legalmente. O PCB tinha 17 deputados federais e conseguira 10% dos votos na eleição presidencial de 1945.

O argumento para a cassação foi um dispositivo constitucional que proibia a organização de partidos ou associações que contrariassem o regime democrático. A outra decisão foi de 1963. Em plena efervescência política, o Tribunal Superior Eleitoral declarou que suboficiais e sargentos não podiam ser eleitos. A decisão da justiça causou protestos e foi o motivo alegado para a revolta dos sargentos em 1963.

Apesar das limitações, a partir de 1945 a participação do povo na política cresceu significativamente, tanto pelo lado das eleições como da ação política organizada em partidos, sindicatos, ligas camponesas e outras associações. O aumento da participação eleitoral pode ser demonstrado pelos números que se seguem. Em 1930, os votantes não passavam de 5,6% da população. Na eleição presidencial de 1945, chegaram a 13,4%, ultrapassando, pela primeira vez, os dados de 1872. Em 1950, já foram 15,9%, e em 1960, 18%. Em números absolutos, os votantes pularam de 1,8 milhão em 1930 para 12,5 milhões em 1960. Nas eleições legislativas de 1962, as últimas antes do golpe de 1964, votaram 14,7 milhões. O número de eleitores inscritos era em geral 20% acima do dos votantes, devido à abstenção que sempre existia, apesar de ser o voto obrigatório. Em 1962, por exemplo, o eleitorado era de 18,5 milhões, correspondente a 26% da população total.

As práticas eleitorais ainda estavam longe da perfeição, apesar da justiça especializada. A fraude era facilitada por não haver cédula oficial para votar. Os próprios candidatos distribuíam suas cédulas. Isso permitia muita irregularidade. O eleitor com menos preparo podia ser facilmente enganado com a troca ou anulação de cédulas por cabos eleitorais. Coronéis mantinham várias práticas antigas de compra de voto e coerção de eleitores. A seu mando, cabos eleitorais ainda levavam os eleitores em bandos para a sede do município e os mantinham em "currais", sob vigilância constante, até o momento do voto. Os cabos eleitorais entregavam aos eleitores envelopes fechados com as cédulas de seus candidatos para evitar trocas. O pagamento podia ser em dinheiro, bens ou favores. Por via das dúvidas, o pagamento em dinheiro era muitas vezes feito da seguinte maneira: metade da cédula era entregue antes da votação e a outra metade depois. O mesmo se fazia com sapatos: um pé antes, outro depois.

Mas não há dúvida de que se faziam grandes progressos em direção a uma eleição mais limpa. A rápida urbanização do país facilitava a mudança. O eleitor urbano era muito menos vulnerável ao aliciamento e à coerção. Ele era, sim, vulnerável aos apelos populistas, e foi ele quem deu a vitória a Vargas em 1950, a Kubitschek em 1955, a Goulart (como vice-presidente) em 1960. O populismo pode, sob certos aspectos, ser considerado manipulação política, uma vez que seus líderes pertenciam às elites tradicionais e não tinham vinculação autêntica com causas populares. Pode-se alegar que o povo era massa de manobra em disputas de grupos dominantes. Mas o controle que tinham esses líderes sobre os votantes era muito menor do que na situação tradicional. Baseava-se em apelos paternalistas ou carismáticos, não em coerção. Exigia certo convencimento, certa relação de reciprocidade que não era puramente individual. Vargas e seus sucessores exibiam como crédito a legislação trabalhista e social, os aumentos de salário mínimo. Sobretudo, a relação populista era dinâmica. A cada eleição, fortaleciam-se os partidos populares e aumentava o grau de independência e discernimento dos eleitores. Era um aprendizado democrático que exigia algum tempo para se consolidar, mas que caminhava com firmeza.

O progressivo amadurecimento democrático pode ser verificado na evolução partidária. Como vimos, foi esse o primeiro período da história brasileira em que houve partidos nacionais de massa, diferentes dos partidos nacionais do Império, concentrados em estados-maiores, dos partidos estaduais da Primeira República e dos movimentos nacionais não partidários da década de 30. Embora sobrevivessem influências regionais, os partidos de 1945 eram organizados nacionalmente e possuíam programas definidos, apesar de muitos se guiarem mais pelo pragmatismo. Eram partidos no sentido moderno da palavra, e apenas necessitavam de tempo para criar raízes na sociedade.

Havia 12 partidos nacionais, quase todos fundados ao final da ditadura do Estado Novo. Os principais eram os dois criados por Vargas, o PSD e o PTB, e o que reuniu a maioria da oposição, a UDN. Para criar o PSD, Vargas simplesmente reuniu os interventores dos estados e congregou em torno do partido as forças dominantes locais. O PTB foi criado com base na estrutura sindical corporativa. A UDN reunia a oposição liberal e, no início, também socialista. Ao redor desse núcleo, vários partidos menores se moviam à direita e à esquerda. Alguns ainda presos a antigas práticas estadualistas, como o Partido Republicano (PR), outros na linha populista, como o Partido Social Progressista (PSP), outros da esquerda democrática, como o Partido Socialista Brasileiro (PSB), outros ainda de reformismo moderado, como o Partido Democrata Cristão (PDC). Conforme vimos, o Partido Comunista teve seu registro cassado em 1947.

Como era de esperar, dada a novidade da experiência, houve grande movimentação de políticos dentro desses partidos, e entre eles, durante os quase 20 anos que duraram. A análise das mudanças não é simples, mas há concordância em torno de alguns pontos. Houve um processo de nacionalização que favoreceu os pequenos partidos. De início, só os maiores tinham estrutura nacional. Eles foram perdendo força à medida que os menores se tornavam mais competitivos. Os pequenos partidos (considerados como tais todos, menos PSD, UDN, PTB, PR, PSP) detinham 10,1% das cadeiras na Câmara dos Deputados, em 1945; em 1962, tinham saltado para 48,7%. Houve, também, enfraquecimento dos partidos conservadores, se usarmos como medida a representação na Câmara dos Deputados. Considerando como principais partidos conservadores o PSD, a UDN e o PR, vê-se que detinham 82,1% das cadeiras em 1945 e apenas 34,4% em 1962. Em contraste, partidos populistas como o PTB e o PSP saltaram de 7,6% para 16,7% no mesmo período.

Pesquisas de opinião pública feitas pelo Instituto Brasileiro de Opinião Pública e Estatística (Ibope) em 1964, antes do golpe, em oito capitais, e só recentemente trazidas a público por Antônio Lavareda, revelam aspectos muito positivos. O primeiro deles é que 64% da população dessas capitais tinha preferência partidária, índice alto mesmo para padrões internacionais. Isto significa que a maioria acreditava no sistema partidário, aceitava-o como instrumento de representação política. A aceitação dos partidos é ponto fundamental para a saúde de qualquer sistema representativo, e não deixa de ser surpreendente que em tão pouco tempo ela já fosse tão alta. Em termos de preferências, o PTB saía na frente com 29%, seguido da UDN com 14% e do PSD com 7%.

Os dados confirmam, assim, o crescimento do trabalhismo, maior sem dúvida nas capitais.

Outra revelação das pesquisas de 1964 refere-se à orientação ideológica do eleitorado das oito capitais às vésperas do golpe. Enquanto as lideranças se radicalizavam, o eleitorado mostrava tendência claramente centrista. O candidato preferido para as eleições de 1965, que não se realizaram, era Kubitschek, seguido de longe pelo candidato da UDN, Carlos Lacerda, um radical de direita. O radical de esquerda, Miguel Arrais, tinha pequena porcentagem das intenções de voto. A não haver o golpe, provavelmente o progressista moderado Kubitschek ganharia as eleições. A tendência moderada era confirmada por outra pergunta da pesquisa. Indagados sobre qual a linha política mais indicada para o governo, 45% dos pesquisados preferiram o centro, contra 23% que prefeririam a direita e 19% a esquerda.

Diante da evolução dos partidos e dessas informações sobre o eleitorado, fica a pergunta: por que, afinal, a democracia foi a pique em 1964, se havia condições tão favoráveis a sua consolidação? A resposta pode estar na falta de convicção democrática das elites, tanto de esquerda como de direita. Os dois lados se envolveram em uma corrida pelo controle do governo que deixava de lado a prática da democracia representativa. Direita e esquerda preparavam um golpe nas instituições. A direita, para impedir as reformas defendidas pela esquerda e para evitar o que achavam ser um golpe comunista-sindicalista em preparação. A esquerda, com Leonel Brizola à frente, para eliminar os obstáculos às reformas e neutralizar o golpe de direita que acreditavam estar em preparação. No calor da luta, foram sendo aos poucos abandonadas as possibilidades de negociação no Congresso e nos partidos. As lideranças caminharam na direção de um enfrentamento fatal para a democracia.

Pelo lado da direita, o golpismo não era novidade. Desde 1945, liberais e conservadores vinham tentando eliminar da política nacional Vargas e sua herança. O liberalismo brasileiro não conseguiu assimilar a entrada do povo na política. O máximo que podia aceitar era a competitividade entre setores oligárquicos. O povo, representado na época pela prática populista e sindicalista, era considerado pura massa de manobra de políticos corruptos e demagogos e de comunistas liberticidas. O povo perturbava o funcionamento da democracia dos liberais. Para eles, o governo do país não podia sair do controle de suas elites esclarecidas.

A esquerda também não tinha tradição democrática. Ou melhor, sua parte democrática era muito reduzida. A parcela maior, constituída pelo Partido Comunista, desprezava a democracia liberal, vista como instrumento de dominação burguesa. Se a aceitava, era apenas como meio de chegar ao poder. O lado nacionalista da esquerda, herdeiro de Vargas, cujos principais representantes eram Goulart e Brizola, também não morria de amores pela democracia. Aceitava-a na medida em que servisse a seus propósitos reformistas. Para ambos os lados, direita e esquerda, a democracia era, assim, apenas um meio que podia e devia ser descartado desde o momento que não tivesse mais utilidade.

Estabeleceu-se uma corrida dentro da própria esquerda em direção a um confronto final. Pressionado por Brizola e pelos sindicalistas, e com receio de perder a liderança das reformas, o presidente deixou-se levar a uma radicalização que se tornou suicida quando atingiu a disciplina das forças armadas. Alienado o apoio militar, não lhe restava outra alternativa senão a derrota. A expectativa de alguns setores de esquerda, de que o país estaria preparado para uma insurreição popular do tipo bolchevique de 1917, não passava de delírio, que seria cômico se não pudesse ter consequências trágicas.

Bastaria a falta de convicção democrática para explicar o comportamento das lideranças? Creio que não. O processo democrático era incipiente. Se a opinião pública e o eleitorado estavam prontos para uma solução democrática negociada, eles não tinham condições de passar essa informação para as lideranças fora do momento eleitoral. Em outras palavras, não havia organizações civis fortes e representativas que pudessem refrear o curso da radicalização. A estrutura sindical era de cúpula, assim como o era a estudantil. Controlando seus postos de direção, líderes de esquerda eram vítimas de ilusão de ótica, julgavam estar liderando multidões quando apenas dirigiam uma burocracia. A descoberta de que tudo não passava de um castelo na areia foi feita tarde demais. A precipitação do confronto pôs a perder o que se tinha ganhado em termos de mobilização e aprendizado político, à exceção da participação eleitoral, que nunca deixou de crescer nos anos seguintes. O país iria entrar em nova fase de supressão das liberdades, em novo regime ditatorial, desta vez sob o controle direto dos militares.

Sintomaticamente, os direitos sociais quase não evoluíram durante o período democrático. Desde o final do Estado Novo, os técnicos da previdência buscavam, com o apoio de Vargas, unificar o sistema e expandi-lo para abranger toda a população trabalhadora. Mas eram grandes as resistências. Como cada instituto tinha leis próprias e burocracia própria, os que estavam em melhor condição, como o dos bancários e o dos ferroviários, se opunham à unificação. A burocracia dos institutos também receava perder poder e influência. Seguradoras privadas que cobriam a área de acidentes de trabalho igualmente resistiam à mudança. Um projeto de lei enviado ao Congresso em 1947 para unificar o sistema foi seguidamente adiado.

Em seu segundo governo, Vargas voltou à carga e fez organizar um congresso sobre a previdência, em 1953, sob a presidência de João Goulart. Mas as divisões continuavam grandes, e só em 1960, sob o governo de Goulart, foi aprovada a Lei Orgânica da Previdência Social. A lei era um compromisso. Uniformizava as normas da previdência, mas não unificava o sistema, pois permaneciam os vários institutos. Também mantinha em mãos privadas os seguros de acidentes. O ponto positivo foi a ampliação da cobertura previdenciária, que passou a incluir os profissionais liberais.

A outra tentativa de ampliar o sistema verificou-se com o Estatuto do Trabalhador Rural, de 1963, que, como vimos, estendeu ao campo a legislação trabalhista. O Estatuto previa ainda a extensão da previdência ao campo. Mas essa parte da lei permaneceu letra morta. Não foram previstos recursos para a implantação e o financiamento dos benefícios. Os trabalhadores rurais continuaram excluídos, apesar do grande número de sindicatos que se organizavam e da ênfase do governo na reforma agrária. Permaneciam também fora da previdência os trabalhadores autônomos e as empregadas domésticas. Sem nenhuma organização, as empregadas constituíam um grande mercado informal de trabalho em que predominavam relações pessoais que lembravam práticas escravistas.

CAPÍTULO III Passo atrás, passo adiante
(1964-1985)

Como em 1937, o rápido aumento da participação política levou em 1964 a uma reação defensiva e à imposição de mais um regime ditatorial em que os direitos civis e políticos foram restringidos pela violência. Os dois períodos se assemelham ainda pela ênfase dada aos direitos sociais, agora estendidos aos trabalhadores rurais, e pela forte atuação do Estado na promoção do desenvolvimento econômico. Pelo lado político, a diferença entre eles foi a manutenção do funcionamento do Congresso e da realização das eleições no regime implantado em 1964.

Do ponto de vista que aqui nos interessa, os governos militares podem ser divididos em três fases. A primeira vai de 1964 a 1968 e corresponde ao governo do general Castelo Branco e primeiro ano do governo do general Costa e Silva. Caracteriza-se no início por intensa atividade repressiva seguida de sinais de abrandamento. Na economia, foi um período de combate à inflação, de forte queda no salário mínimo e de pequeno crescimento. Foi o domínio dos setores mais liberais das forças armadas, representados pelo general Castelo Branco. No último ano, 1968, a economia retomou os altos índices de crescimento da década de 50.

A segunda fase vai de 1968 a 1974 e compreende os anos mais sombrios da história do país, do ponto de vista dos direitos civis e políticos. Foi o domínio dos militares mais truculentos, reunidos em torno do general Garrastazu Médici, escolhido presidente após o impedimento de Costa e Silva por motivo de doença. O período combinou a repressão política mais violenta já vista no país com índices também jamais vistos de crescimento econômico. Em contraste com as taxas de crescimento, o salário mínimo continuou a decrescer.

A terceira fase começa em 1974, com a posse do general Ernesto Geisel, e termina em 1985, com a eleição indireta de Tancredo Neves. Caracteriza-se inicialmente pela tentativa do general Geisel de liberalizar o sistema, contra a forte oposição dos órgãos de repressão. A liberalização continua sob o general João Batista de Figueiredo (1979-1985). As leis de repressão vão sendo aos poucos revogadas e a oposição faz sentir sua voz com força crescente. Na economia, a crise do petróleo de 1973 reduz os índices de crescimento, que no início dos anos 80 chegam a ser negativos.

PASSO ATRÁS: NOVA DITADURA (1964-1974)

Derrubado Goulart, os políticos civis que tinham apoiado o golpe, sobretudo os da UDN, foram surpreendidos pela decisão dos militares de assumir o poder diretamente. O general Castelo Branco foi imposto a um Congresso já expurgado de muitos oposicionistas, como o novo presidente da República. Começou, então, intensa atividade governamental na área política para suprimir os principais focos de oposição e na área econômica para conter a inflação que atingia níveis muito altos.

Antes de analisar essa atividade, é preciso discutir as razões de terem os militares assumido diretamente o governo, para surpresa de seus próprios aliados. A presença dos militares na política brasileira começou na proclamação da República. Mas as oligarquias conseguiram alijá-los construindo o sistema coronelista da Primeira República. Em 1930, eles voltaram com força, trazendo propostas de centralização política, industrialização, nacionalismo. Vargas conseguiu usá-los e contê-los. Após 1945, eles se dividiram, como toda a sociedade, entre nacionalistas e populistas, de um lado, e liberais conservadores, do outro. A divisão das forças armadas atingia o corpo de oficiais e as praças de pré, sobretudo os sargentos.

Pode-se explicar a atitude mais radical em 1964 pela ameaça que a divisão ideológica significava para a sobrevivência da organização militar. Para fazer o expurgo dos inimigos era necessário controlar o poder. Mas havia também razões menos corporativas. Os antivarguistas tinham se preparado para o governo dentro da Escola Superior de Guerra. Lá elaboraram uma doutrina de segurança nacional e produziram, com técnicos civis, estudos sobre os principais problemas nacionais. Além disso, tinham se aproximado de lideranças empresariais por meio de uma associação chamada Instituto de Pesquisas e Estudos Sociais (Ipes), fundada em 1962 por empresários do Rio de Janeiro e de São Paulo. O Ipes lutava contra o comunismo e pela preservação da sociedade capitalista. Mas, ao mesmo tempo, propunha várias reformas econômicas e sociais. No Rio, mantinha estrito contato com a ESG. Vários membros do Ipes participaram do governo Castelo Branco, e muitas das ideias desenvolvidas no Instituto foram aproveitadas pelo primeiro governo militar.

Os militares tinham, assim, em 1964, motivos para assumir o governo, julgavam-se preparados para fazê-lo e contavam com aliados poderosos.

Dado o golpe, os direitos civis e políticos foram duramente atingidos pelas medidas de repressão. Por essa razão, eles merecem atenção especial. Como era maior a mobilização em 1964 e como estavam mais desenvolvidos os meios de controle, a repressão política dos governos militares foi também mais extensa e mais violenta do que a do Estado Novo. Embora presente em todo o período, ela se concentrou em dois momentos: entre 1964 e 1965 e entre 1968 e 1974.

Os instrumentos legais da repressão foram os "atos institucionais" editados pelos presidentes militares. O primeiro foi introduzido logo em 9 de abril de 1964 pelo general Castelo Branco. Por ele foram cassados os direitos políticos, pelo período de dez anos, de grande número de líderes políticos, sindicais e intelectuais e de militares. Além das cassações, foram também usados outros mecanismos, como a aposentadoria forçada de funcionários públicos civis e militares. Muitos sindicatos sofreram intervenção, foram fechados os órgãos de cúpula do movimento operário, como o CGT e o PUA. Foi invadida militarmente e fechada a UNE, o mesmo acontecendo com o Iseb.

Várias comissões de inquérito foram criadas para apurar supostos crimes de corrupção e subversão. As mais famosas foram os Inquéritos Policiais Militares (IPMs), em geral dirigidos por coronéis do Exército, que perseguiram, prenderam e condenaram bom número de opositores. O perigo comunista era a desculpa mais usada para justificar a repressão. Qualquer suspeita de envolvimento com o que fosse considerado atividade subversiva podia custar o emprego, os direitos políticos, quando não a liberdade, do suspeito. Como em geral acontece em tais circunstâncias, muitas vinganças pessoais foram executadas sob o pretexto de motivação política.

Em 1966, houve eleições estaduais, e o governo foi derrotado em cinco estados, inclusive os estratégicos Rio de Janeiro e Minas Gerais. Em retaliação, setores militares radicais exigiram novas medidas repressivas. O Ato Institucional nº 2, de outubro de 1965, aboliu a eleição direta para presidente da República, dissolveu os partidos políticos criados a partir de 1945 e estabeleceu um sistema de dois partidos. O AI-2 aumentou muito os poderes do presidente, concedendo-lhe autoridade para dissolver o Parlamento, intervir nos estados, decretar estado de sítio, demitir funcionários civis e militares. Reformou ainda o judiciário, aumentando o número de juízes de tribunais superiores a fim de poder nomear partidários do governo. O direito de opinião foi restringido, e juízes militares passaram a julgar civis em causas relativas à segurança nacional.

Nova retomada autoritária aconteceu em 1968. Nesse ano, voltaram a mobilizar-se contra o governo alguns setores da sociedade, sobretudo os operários e os estudantes. Duas greves marcaram a retomada das manifestações operárias. Os estudantes saíram às ruas em grandes marchas pela democratização, e um deles, Edson Luís, foi morto em uma das manifestações. Tendo a Câmara dos Deputados negado permissão para processar um de seus membros que fizera um discurso considerado ofensivo às forças armadas, o governo editou novo ato institucional em dezembro. O Ato Institucional nº 5 (AI-5) foi o mais radical de todos, o que mais fundo atingiu direitos políticos e civis. O Congresso foi fechado, passando o presidente, general Costa e Silva, a governar ditatorialmente. Foi suspenso o *habeas corpus* para crimes contra a segurança nacional, e todos os atos decorrentes do AI-5 foram colocados fora da apreciação judicial.

Paralelamente, recomeçaram as cassações de mandatos, suspensão de direitos políticos de deputados e vereadores, demissão sumária de funcionários públicos. Quando, em 1969, o presidente sofreu um infarto, os militares não permitiram que o vice-presidente, Pedro Aleixo, um civil da extinta UDN, assumisse o governo, de acordo com a lei. Uma junta militar assumiu, escolheu um sucessor e reabriu o Congresso para que este referendasse a escolha. Em outubro de 1969, tomou posse na presidência o general Garrastazu Médici. Na mesma data foi promulgada nova Constituição, que incorporava os atos institucionais.

Sob o general Médici, as medidas repressivas atingiram seu ponto culminante. Nova lei de segurança nacional foi introduzida, incluindo a pena de morte por fuzilamento. A pena de morte tinha sido abolida após a proclamação da República, e mesmo no Império já não era aplicada. No início de 1970, foi introduzida a censura prévia em jornais, livros e outros meios de comunicação. Isto significava que qualquer publicação ou programa de rádio e televisão tinha que ser submetido aos censores do governo antes de ser levado ao público. Jornais, rádios e televisões foram obrigados a conviver com a presença do censor. Com frequência, o governo mandava instruções sobre os assuntos que não podiam ser comentados e nomes de pessoas que não podiam ser mencionados.

Em resposta à falta de alternativa para a oposição legal, grupos de esquerda começaram a agir na clandestinidade e adotar táticas militares de guerrilha urbana e rural. Em setembro de 1969, houve o primeiro ato espetacular da guerrilha urbana, o sequestro do embaixador norte-americano. Daí até o final do governo Médici, em 1974, forças da repressão e da guerrilha se enfrentaram em batalha inglória e desigual. Aos sequestros e assaltos a bancos dos guerrilheiros, respondia a repressão com prisões arbitrárias, tortura sistemática de presos, assassinatos. Opositores assassinados eram dados como desaparecidos ou mortos em acidentes de carro. A imprensa era proibida de divulgar qualquer notícia que contrariasse a versão das forças de segurança.

A máquina da repressão cresceu rapidamente e tornou-se quase autônoma dentro do governo. Ao lado de órgãos de inteligência nacionais como a Polícia Federal e o Serviço Nacional de Informações (SNI), passaram a atuar livremente na repressão os serviços de inteligência do Exército, da Marinha, da Aeronáutica e das polícias militares estaduais; e as delegacias de ordem social e política dos estados. Dentro de cada Ministério e de cada empresa estatal foram criados órgãos de segurança e informação, em geral dirigidos por militares da reserva. O Exército criou ainda agências especiais de repressão chamadas Destacamento de Operações de Informações e Centro de Operações de Defesa Interna, que ficaram tristemente conhecidas pelas siglas DOI-Codi.

A censura à imprensa eliminou a liberdade de opinião; não havia liberdade de reunião; os partidos eram regulados e controlados pelo governo; os sindicatos estavam sob constante ameaça de intervenção; era proibido fazer greves; o direito de defesa era cerceado pelas prisões arbitrárias; a justiça militar julgava crimes civis; a inviolabilidade do lar e da correspondência não existia; a integridade física era violada pela tortura nos cárceres do governo; o próprio direito à vida era desrespeitado. As famílias de muitas das vítimas até hoje não tiveram esclarecidas as circunstâncias das mortes e os locais de sepultamento. Foram anos de sobressalto e medo, em que os órgãos de informação e segurança agiam sem nenhum controle.

Segundo levantamento de Marcos Figueiredo, entre 1964 e 1973 foram punidas, com perda de direitos políticos, cassação de mandato, aposentadoria e demissão, 4.841 pessoas, sendo maior a concentração de punidos em 1964, 1969 e 1970. Só o AI-1 atingiu 2.990 pessoas. Foram cassados os mandatos de 513 senadores, deputados e vereadores. Perderam os direitos políticos 35 dirigentes sindicais; foram aposentados ou demitidos 3.783 funcionários públicos, dentre os quais 72 professores universitários e 61 pesquisadores científicos. O expurgo nas forças armadas foi particularmente duro, dadas as divisões existentes antes de 1964. A maior parte dos militares, se não todos, que se opunham ao golpe foi excluída das fileiras. Foram expulsos ao todo 1.313 militares, entre os quais 43 generais, 240 coronéis, tenentes-coronéis e majores, 292 capitães e tenentes, 708 suboficiais e sargentos, 30 soldados e marinheiros. Nas polícias militar e civil, foram 206 os punidos. O expurgo permitiu às forças armadas eliminar parte da oposição interna e agir com maior desembaraço no poder.

Órgãos estudantis e sindicais também foram alvo da ação repressiva. Existem dados apenas para as intervenções nos sindicatos ocorridas de 1964 a 1970. Foram ao todo 536 intervenções, sendo 483 em sindicatos, 49 em federações e quatro em confederações. Quase todas concentraram-se em 1964 e 1965, indicação de que, eliminada a cúpula sindical, pouco restou do movimento. Quando recomeçaram as greves, em

1968, elas se fizeram à margem da estrutura sindical oficial, naquele momento voltada apenas para tarefas de assistência social. A única instituição que conseguiu defender-se, apesar de alguns conflitos com o governo, foi a Igreja Católica. Por seu poder e influência, a hierarquia da Igreja foi capaz de oferecer resistência e tornar-se aos poucos o principal foco de oposição legal. Alguns dos movimentos anteriores a 1964 por ela influenciados, como a AP, foram atraídos pelo marxismo e enveredaram pela luta armada.

Para que o quadro dos governos militares, inclusive de sua pior fase, esteja completo é preciso acrescentar alguns pontos responsáveis pela ambiguidade do regime. O primeiro é que durante todo o período, de 1964 a 1985, salvo curtas interrupções, o Congresso permaneceu aberto e em funcionamento. Expurgados de seus elementos mais combatentes, Câmara e Senado cumpriram as tarefas que lhes eram dadas pelos presidentes militares. No sistema bipartidário criado em 1966, o partido do governo, Aliança Renovadora Nacional (Arena), era sempre majoritário e aprovava todos os projetos, mesmo os mais repressivos, como o que introduziu a censura prévia. A Arena legitimou com seu voto todos os candidatos a presidente impostos pelos militares. Seus políticos foram sempre instrumento dócil do regime.

O partido de oposição, Movimento Democrático Brasileiro (MDB), viu-se diante de difícil escolha: ou manter-se em funcionamento, apesar das cassações de mandatos e da impossibilidade de fazer oposição real, ou autodissolver-se. No primeiro caso, conservava acesa a chama da oposição, embora tênue, mas ao mesmo tempo emprestava legitimidade ao regime ao permitir-lhe argumentar que havia uma oposição em funcionamento. No segundo caso, deslegitimava o regime, mas reduzia ainda mais o espaço para a resistência legal e podia assim fortalecer o governo. O partido por mais de uma vez considerou a possibilidade de autodissolução, mas optou finalmente por fazer parte do jogo, utilizando a tribuna do Congresso para protestar contra as propostas que agrediam a democracia. Mesmo este modesto papel tinha seus riscos: deputados e senadores que injetavam um pouco mais de contundência em suas críticas quase sempre perdiam o mandato.

Para manter aberto o Congresso, os militares conservaram as eleições legislativas. As eleições diretas para governadores foram suspensas a partir de 1966, só voltando a ser realizadas em 1982. Para presidente da República, não houve eleição direta entre 1960 e 1989, quase 30 anos de exclusão do povo da escolha do chefe do Executivo. Os presidentes eram escolhidos pelos comandos militares de acordo com a corrente dominante no momento no alto-comando. Seus nomes eram levados ao Congresso para ratificação. A Arena nunca deixou de emprestar sua maioria para referendar a farsa.

As eleições legislativas — para o Senado e Câmara federal, assembleias estaduais, câmaras de vereadores — foram mantidas, embora com restrições. Elas foram às vezes adiadas, a propaganda política era censurada, os candidatos mais radicais, vetados. Quando os generais se viam surpreendidos pelos resultados, mudavam as leis, para manter a maioria no Congresso. Em 1978, por exemplo, para conservar o controle do Senado, o general Geisel criou senadores eleitos indiretamente, aos quais a malícia popular logo chamou de "biônicos". Houve eleições para Senado e Câmara em 1966, 1970, 1974, 1978, 1982 e 1986, as quatro primeiras sob o sistema bipartidário, as duas últimas já em sistema multipartidário.

Mais estranho do que haver eleições foi o fato de ter o eleitorado crescido sistematicamente durante os governos militares. A tendência iniciada em 1945 não foi interrompida, foi acelerada. Em 1960, nas eleições presidenciais, votaram 12,5 milhões de eleitores; nas eleições senatoriais de 1970 votaram 22,4 milhões; nas de 1982, 48,7 milhões; nas de 1986, 65,6 milhões. Em 1960, a parcela da população que votava era de 18%; em 1986, era de 47%, um crescimento impressionante de 161%. Isto significa que 53 milhões de brasileiros, mais do que a população total do país em 1950, foram formalmente incorporados ao sistema político durante os governos militares.

Esse é um dado cujas implicações não podem ser subestimadas. A pergunta a se fazer é óbvia: o que significava para esses milhões de cidadãos adquirir o direito político de votar ao mesmo tempo que vários outros direitos políticos e civis lhes eram negados? Que sentido teria esse direito assim conseguido? Mais ainda: o que significava escolher representantes quando os órgãos de representação por excelência, os partidos e o Congresso, eram aviltados e esvaziados de seu poder, tornando-se meros instrumentos do poder executivo? Poderia, nessas circunstâncias, o ato de votar ser visto como o exercício de um direito político?

Crescimento econômico

A complexidade do período militar não para por aí. Vimos que após a fase de bonança de Kubitschek a taxa de crescimento econômico caiu fortemente. O ano de 1963 foi o ponto mais baixo, com aumento do Produto Interno Bruto de apenas 1,5%. Em termos *per capita*, era decréscimo. Após o golpe, a taxa de crescimento manteve-se baixa até 1967. Mas a partir de 1968, exatamente o ano em que a repressão se tornou mais violenta, ela subiu rapidamente e ultrapassou a do período de Kubitschek, mantendo-se em torno de 10% até 1976, com um máximo de 13,6% em 1973, em pleno governo Médici. Foi a época em que se falou no "milagre" econômico brasileiro. A partir de 1977, o crescimento começou a cair, chegando ao ponto mais baixo em 1983, com -3,2%, subindo depois para 5% em 1984, último ano completo de governo militar.

Apesar da queda de crescimento ao final, a coincidência do período de maior repressão com o de maior crescimento econômico era perturbadora. O governo Médici exibiu esse aspecto contraditório: ao mesmo tempo que reprimia ferozmente a oposição, apresentava-se como fase de euforia econômica perante o resto da população. Foi também o momento em que o Brasil conquistou no México o tricampeonato mundial de futebol, motivo de grande exaltação patriótica de que o general soube aproveitar-se para aumento da própria popularidade. Uma onda de nacionalismo xenófobo e reacionário percorreu o país. Viam-se nas ruas e nos carros faixas com os dizeres: "Brasil: ame-o ou deixe-o", uma crítica explícita à oposição, sobretudo à oposição armada. Pesquisas acadêmicas de opinião pública feitas na época indicaram que o presidente gozava de popularidade.

O sentido do "milagre" econômico foi posteriormente desmistificado por análises de especialistas que mostraram seus pontos negativos. Houve, sem dúvida, um crescimento rápido, mas ele beneficiou de maneira muito desigual os vários setores da população. A consequência foi que, ao final, as desigualdades tinham crescido ao invés de diminuir.

Alguns poucos dados demonstram esse ponto com clareza. Em 1960, os 20% mais pobres da população economicamente ativa ganhavam 3,9% da renda nacional. Em 1980, sua participação caíra para 2,8%. Em contraste, em 1960 os 10% mais ricos ganhavam 39,6% da renda, ao passo que em 1980 sua participação subira para 50,9%. Se subirmos na escala de renda, cresce a desigualdade. O 1% mais rico ganhava 11,9% da renda total em 1960; em 1980 sua participação era de 16,9%. Se os pobres não ficaram muito mais pobres, os ricos ficaram muito mais ricos.

O aumento da desigualdade não era evidente na época. A rápida expansão da economia veio acompanhada de grandes transformações na demografia e na composição da oferta de empregos. Houve grande deslocamento de população do campo para as cidades. Em 1960 a população urbana era 44,7% do total, o país ainda era majoritariamente rural. Em 1980, em apenas 20 anos, ela havia saltado para 67,6%. Em números absolutos, a população urbana aumentara em cerca de 50 milhões de pessoas. Os efeitos catastróficos desse crescimento para a vida das grandes cidades só apareceriam mais tarde. Na época, a urbanização significava para muita gente um progresso, na medida em que as condições de vida nas cidades permitiam maior acesso aos confortos da tecnologia, sobretudo à televisão e outros eletrodomésticos.

A mudança na estrutura de emprego acompanhou a urbanização. Houve enorme crescimento da população empregada, que os economistas chamam de economicamente ativa. Essa população passou de 22,7 milhões em 1960 para 42,3 milhões em 1980, quase o dobro. Particularmente dramático foi o aumento do número de mulheres no mercado de trabalho. Enquanto o número de homens aumentou em 67%, o de mulheres cresceu 184%. Isso fazia com que, apesar da queda no valor do salário mínimo, que em 1974 era quase a metade do que valia em 1960, a renda familiar se mantinha estável ou mesmo aumentava devido ao número maior de pessoas que trabalhavam, sobretudo ao número de mulheres empregadas.

Houve, ainda, mudança nos tipos de emprego. A ocupação no setor primário da economia (agricultura, pecuária, mineração) caiu de 54% do total em 1960 para 30% em 1980. A ocupação no secundário (indústria) cresceu de 13% para 24% no mesmo período, e o terciário (transporte, serviços, administração) cresceu de 33% para 46%. Isso quer dizer que paralelamente à migração para as cidades houve um deslocamento maciço de pessoas do primário para o secundário e para o terciário. Dadas as condições de trabalho rural no Brasil, a mudança não podia deixar de causar sensação de melhoria de vida.

NOVAMENTE OS DIREITOS SOCIAIS

Houve outras mudanças. Ao mesmo tempo que cerceavam os direitos políticos e civis, os governos militares investiam na expansão dos direitos sociais. O que Vargas e Goulart não tinham conseguido fazer, em relação à unificação e universalização da previdência, os militares e tecnocratas fizeram após 1964. O primeiro-ministro do Trabalho dos governos militares era um técnico da previdência que colocou interventores nos institutos e preparou um plano de reforma com a ajuda de outros técnicos, muitos deles nomeados interventores.

Em 1966 foi afinal criado o Instituto Nacional de Previdência Social (INPS), que acabava com os IAPs e unificava o sistema, com exceção do funcionalismo público, civil e militar, que ainda conservava seus próprios institutos. As contribuições foram definidas em 8% do salário de todos os trabalhadores registrados, descontados mensalmente da folha de pagamento; os benefícios, como aposentadoria, pensão, assistência médica, foram também uniformizados. Acabaram os poderosos IAPs, e os sindicatos perderam a influência sobre a previdência, que passou a ser controlada totalmente pela burocracia estatal. Em 1967 o INPS venceu outra resistência e tomou das empresas privadas o seguro de acidentes de trabalho.

O objetivo da universalização da previdência também foi atingido. Em 1971, em pleno governo Médici, ponto alto da repressão, foi criado o Fundo de Assistência Rural (Funrural), que efetivamente incluía os trabalhadores rurais na previdência. O Funrural tinha financiamento e administração separados do INPS. É sintomático que nem os governos militares tenham ousado cobrar contribuição dos proprietários rurais. Mas não cobraram também dos trabalhadores. Os recursos do Funrural vinham de um imposto sobre produtos rurais, pago pelos consumidores, e de um imposto sobre as folhas de pagamento de empresas urbanas, cujos custos eram também, naturalmente, repassados pelos empresários para os consumidores. De qualquer maneira, os eternos párias do sistema, os trabalhadores rurais, tinham, afinal, direito à aposentadoria e pensão, além de assistência médica. Por mais modestas que fossem as aposentadorias, eram frequentemente equivalentes, se não superiores, aos baixos salários pagos nas áreas rurais.

A distribuição dos benefícios do Funrural, assim como de outras formas de assistência, foi entregue aos sindicatos rurais. Em muitas localidades do interior, o único médico disponível, inclusive para os proprietários, passava a ser o médico do sindicato. A repressão inicial exercida contra esses sindicatos, aliada às tarefas de assistência agora a eles atribuída, contribuiu muito para reduzir sua combatividade política e gerou dividendos políticos para os governos militares. O eleitorado rural os apoiou em todas as eleições. Parte desse apoio pode ser atribuída ao tradicional conservadorismo rural, mas sem dúvida a legislação social contribuiu para reforçar essa tradição. Como a previdência rural não onerava os proprietários e não se falava mais em reforma agrária, também eles tinham motivos para apoiar o governo.

Não ficaram aí as inovações no campo social. As duas únicas categorias ainda excluídas da previdência — empregadas domésticas e trabalhadores autônomos — foram incorporadas em 1972 e 1973, respectivamente, tudo ainda no governo do general Médici. Agora ficavam de fora apenas os que não tinham relação formal de emprego. Outras medidas ainda podem ser mencionadas. O primeiro governo militar, para atender a exigências dos empresários, acabara com a estabilidade no emprego. Para compensar, foi criado em 1966 um Fundo de Garantia por Tempo de Serviço (FGTS), que funcionava como um seguro-desemprego. O fundo era pago pelos empresários e retirado pelos trabalhadores em caso de demissão. Criou-se também um Banco Nacional de Habitação (BNH), cuja finalidade era facilitar a compra de casa própria aos trabalhadores de menor renda. Como coroamento das políticas sociais, foi criado em 1974 o Ministério da Previdência e Assistência Social.

A avaliação dos governos militares, do ponto de vista da cidadania, tem, assim, que levar em conta a manutenção do direito do voto combinada com o esvaziamento de seu sentido e a expansão dos direitos sociais em momento de restrição de direitos civis e políticos.

PASSO ADIANTE: VOLTAM OS DIREITOS CIVIS E POLÍTICOS (1974-1985)

Logo depois de empossado na presidência da República, em 1974, o general Ernesto Geisel deu indicações de que estava disposto a promover um lento retorno à democracia. São complexas as razões para o que se chamou de "abertura" política. Discutiu-se muito se ela partiu dos militares ou da pressão a iniciativa. Há evidência suficiente para se admitir que o pontapé inicial partiu do general e dos militares a ele ligados. A oposição aproveitou com inteligência o espaço que se abria e contribuiu decisivamente para levar a bom êxito a empreitada. Onze anos depois, era eleito o primeiro presidente civil, marco final do ciclo militar.

A iniciativa do governo

A abertura começou em 1974, quando o general-presidente diminuiu as restrições à propaganda eleitoral e deu um grande passo em 1978, com a revogação do AI-5, o fim da censura prévia e a volta dos primeiros exilados políticos. Por que teriam o general Geisel e seus aliados tomado a iniciativa de começar a desmontar o sistema autoritário? Uma das possíveis razões foi o fato de o general pertencer ao grupo de oficiais ligados ao general Castelo Branco, primeiro presidente militar. Esse grupo nunca pretendeu prolongar indefinidamente o controle militar do governo. Eram liberais conservadores, ligados à Escola Superior de Guerra. Desagradava-lhes o populismo varguista, mas não eram partidários de uma ditadura. Sua convicção política era liberal, embora não democrática. O general Castelo fora derrotado pelos setores mais autoritários das forças armadas, a linha dura, que colocaram no poder o general Costa e Silva. O auge do poder dos linhas-duras foi durante o governo do general Médici. Com o general Geisel voltavam os liberais conservadores.

Havia outras razões para a abertura. Em 1973 tinha acontecido o primeiro choque do petróleo, isto é, um aumento brusco no preço do produto, promovido pela Opep, a Organização dos Países Exportadores de Petróleo. A triplicação do preço atingiu o Brasil com muita força, pois 80% do consumo dependia do petróleo importado. O general Geisel fora presidente da Petrobras e podia bem avaliar a gravidade da situação. Os anos do "milagre" estavam contados e eram necessárias novas estratégias para enfrentar os tempos difíceis que se anunciavam. Nessa conjuntura, seria melhor para o governo e para os militares promover a redemocratização enquanto ainda houvesse prosperidade econômica do que aguardar para fazê-lo em época de crise, quando os custos da manutenção do controle dos acontecimentos seriam muito mais altos.

Um terceiro argumento diz respeito às próprias forças armadas. A ditadura tirara os militares de suas atividades profissionais, atraíra-os para a vida política, para altos cargos na administração pública e privada. A ambição do poder e do lucro passara a predominar sobre as obrigações profissionais, minando o moral do oficialato. Mais ainda, a montagem dos aparelhos de repressão criara dentro das forças armadas um grupo quase independente que ameaçava a hierarquia. Esse grupo envolvera-se em repressão e tortura, jogando sobre os militares como um todo o estigma de torturadores. A imagem da corporação ficara profundamente desgastada, o que não podia interessar aos oficiais que tivessem visão mais profissional do papel das forças armadas, como era certamente o caso do general Geisel e de seus amigos.

Seja como for, em 1974 o general Geisel permitiu propaganda eleitoral mais livre para as eleições legislativas desse ano. A oposição teve acesso à televisão e pôde falar com alguma liberdade. O resultado surpreendeu a todos, ao governo e à própria oposição. O governo foi amplamente derrotado nas eleições para o Senado. Havia 22 cadeiras em disputa, das quais a oposição, isto é, o MDB, ganhou 16. Nas eleições para a Câmara, o MDB não conseguiu maioria, mas aumentou sua bancada de 87 para 165 deputados; a Arena caiu de 223 para 199. Com isso o governo perdeu a maioria de dois terços, necessária para aprovar emendas constitucionais. Assustado com a derrota e sob pressão dos militares radicais, Geisel deu um passo atrás. Com receio de nova derrota nas eleições de 1978, tentou fazer mudanças na legislação eleitoral. Como não podia mais contar com a maioria parlamentar necessária, suspendeu o Congresso por 15 dias e decretou as mudanças salvadoras. Entre elas estavam a confirmação da eleição indireta para governadores em 1978, a eleição indireta de um terço dos senadores, a limitação da propaganda eleitoral, sobretudo na televisão, a eliminação da exigência de dois terços dos votos para aprovação de reformas constitucionais.

Mas o retrocesso não interrompeu o movimento de abertura. Em 1978, o Congresso votou o fim do AI-5, o fim da censura prévia no rádio e na televisão, e o restabelecimento do *habeas corpus* para crimes políticos. O governo ainda atenuou a Lei de Segurança Nacional e permitiu o regresso de 120 exilados políticos. Em 1979, já no governo do general João Batista de Figueiredo, o Congresso votou uma lei de anistia, havia muito exigida pela oposição. A lei era polêmica na medida em que estendia a anistia aos dois lados, isto é, aos acusados de crime contra a segurança nacional e aos agentes de segurança que tinham prendido, torturado e matado muitos dos acusados. Além disso, não previa a volta aos quartéis dos militares cassados e reformados compulsoriamente. Mas ela devolveu os direitos políticos aos que os tinham perdido e ajudou a renovar a luta política.

Ainda em 1979, foi abolido o bipartidarismo forçado. Desapareceram Arena e MDB, dando lugar a seis novos partidos. A Arena transformou-se no Partido Democrático Social (PDS), o MDB no Partido do Movimento Democrático Brasileiro (PMDB), os antigos trabalhistas do PTB dividiram-se em dois partidos, PTB e Partido Democrático Trabalhista (PDT), este último sob a liderança de Leonel Brizola, recém-retornado do exílio. Os moderados do MDB reuniram-se em torno do Partido Popular (PP), que logo depois voltou a fundir-se com o PMDB. A grande novidade no campo partidário, no entanto, foi a criação do Partido dos Trabalhadores (PT), em 1980. Todos os partidos brasileiros, antes e depois de 1964, com exceção do Partido Comunista, tinham sido criados por políticos profissionais ou por influência do Poder Executivo, e haviam sido sempre dominados por membros da elite social e econômica. O PT surgiu de reunião ampla e aberta de que participaram centenas de militantes. Sustentou-se em três grupos principais, a ala progressista da Igreja Católica, os sindicalistas renovadores, sobretudo os metalúrgicos paulistas, e algumas figuras importantes da intelectualidade. Eram grupos heterogêneos que conviviam dentro do partido graças ao amplo espaço existente para a discussão interna.

Outra medida liberalizante permitiu eleições diretas para governadores de estados. Elas se realizaram pela primeira vez em 1982 com as eleições para o Congresso. A oposição ganhou em nove dos 22 estados, inclusive nos mais importantes, como São Paulo, Minas Gerais e Rio de Janeiro, e conseguiu maioria na Câmara dos Deputados. Como ato final da transição, os militares se abstiveram de impor um general como candidato à sucessão presidencial de 1985, embora tivessem mantido a eleição indireta. Uma coalizão de forças da oposição e do partido do governo, PDS, levou à vitória do candidato oposicionista, Tancredo Neves, do PMDB, em janeiro de 1985. Por cruel ironia do fado, Tancredo morreu antes de assumir, causando um trauma nacional. Assumiu seu vice, José Sarney, antigo servidor dos militares. Mas era um civil, eleito pela oposição. Chegara ao fim o período de governos militares, apesar de permanecerem resíduos do autoritarismo nas leis e nas práticas sociais e políticas.

Outras medidas importantes do general Geisel foram tomadas na área da repressão. Como foi visto, os órgãos de repressão tinham adquirido durante o governo do general Médici grande independência, inclusive em relação à própria presidência da República. Eram um quisto dentro do governo. O general Geisel buscou restabelecer o controle sobre eles. Os anos cruciais foram 1975 e 1976. Em 1975, um conhecido jornalista, Vladimir Herzog, tendo-se apresentado espontaneamente aos órgãos de segurança do II Exército, de São Paulo, apareceu morto na cela no dia seguinte. Como já havia maior liberdade de imprensa, o fato teve ampla divulgação e gerou protestos. Os órgãos de segurança alegaram, como de costume, que teria havido suicídio, versão em que ninguém acreditava. No ano seguinte, outro caso semelhante, agora com o operário Manoel Fiel Filho, se deu no mesmo local. Desta vez o presidente deixou clara sua discordância, demitindo o comandante do II Exército, sob cuja jurisdição os crimes tinham acontecido.

Era a primeira vez, desde 1964, que um presidente militar desautorizava abertamente a ação da repressão, e o fato indicou que algo se modificava nessa área. Em 1977, o general Geisel confirmou sua autoridade sobre a linha dura militar, demitindo seu ministro da Guerra, que se opunha à política de abertura. A direita militar ainda resistiu durante o governo do general Figueiredo, recorrendo a ações terroristas nos anos de 1980 e 1981. Os atos de maior repercussão aconteceram no Rio de Janeiro. Em 1980 foi morta a secretária da OAB, Ana Lídia, devido à explosão de uma carta-bomba. Em 1981, explodiu uma bomba no Riocentro durante espetáculo musical em homenagem ao Primeiro de Maio, matando um sargento envolvido no atentado. Embora tivesse sido escolhido pelo general Geisel para ocupar a presidência, o general Figueiredo não tinha a mesma vontade política de seu antecessor para acabar com o terrorismo militar. Foi conivente com a farsa de um inquérito montado pelo Exército para acobertar os responsáveis pelo atentado do Riocentro. O desmantelamento do sistema repressivo só foi feito nos anos 90

Renascem os movimentos de oposição

Paralelamente às medidas de abertura, houve, a partir de 1974, a retomada e renovação de movimentos de oposição. Digo retomada e renovação porque em alguns casos tratava-se de renascimento, em outros do surgimento de movimentos novos ou com características novas. O fenômeno tornou-se possível inicialmente graças às medidas liberalizantes de Geisel, mas, com o correr do tempo, ele apressou e reorientou a abertura.

Já foi mencionada a luta do partido de oposição, o MDB, e seu dilema hamletiano: ser ou não ser. A maioria do partido optou por mantê-lo vivo, apesar das constantes cassações de mandatos e violações da lei por parte do governo. Mantinha-se com isso a possibilidade de haver sempre uma voz crítica, embora frágil, no Congresso. Os resultados positivos dessa opção não apareceram até 1974. Nas eleições para o Congresso, em 1966 e 1970, boa parte do eleitorado manifestou seu desencanto abstendo-se ou anulando o voto. Apesar de ser o voto obrigatório e haver punições para os faltosos, a abstenção foi de 23% nas duas eleições. Os votos brancos e nulos foram 21% em 1966 e 30% em 1970. Isto é, entre 40% e 50% do eleitorado manifestou sua descrença nos partidos e no Congresso.

Em 1973, contra a opinião dos radicais do partido, o MDB lançou seu presidente, Ulysses Guimarães, candidato à presidência da República para concorrer com o general Geisel. A luta era puramente simbólica, pois a Arena detinha o controle do colégio eleitoral. Mas para as lideranças do MDB significou nova oportunidade de denunciar a farsa eleitoral, enfrentando o cinismo dos líderes da Arena, que insistiam no caráter democrático da eleição e acusavam de antidemocrática a posição do MDB. Os resultados positivos da luta solitária do partido surgiram nas eleições de 1974. Podendo ter acesso à televisão, o MDB conseguiu motivar o eleitorado e derrotar o governo nas eleições para o Senado e quase igualar a Arena nos votos para a Câmara. Daí em diante, ele foi um dos pilares do processo de abertura, até eleger um de seus membros, Tancredo Neves, primeiro presidente civil depois de 1960.

Inovação houve, e grande, na criação do PT e no movimento sindical. Sobre o primeiro já se falou. A inovação no movimento sindical veio sobretudo dos operários de setores novos da economia que se tinham expandido durante o "milagre" do período Médici: o de bens de consumo durável e de bens de capital. Eram os metalúrgicos de empresas automobilísticas multinacionais e de empresas nacionais de siderurgia e máquinas e equipamentos, concentrados nas cidades industriais ao redor de São Paulo. O movimento começou em 1977, com uma campanha por recuperação salarial, e culminou em 1978 e 1979, com grandes greves que se estenderam a outras partes do país. Em 1978, cerca de 300 mil operários entraram em greve; em 1979, acima de 3 milhões, abrangendo as mais diversas categorias profissionais, inclusive trabalhadores rurais. Eram as primeiras greves desde 1968.

O novo movimento distinguia-se do sindicalismo herdeiro do Estado Novo em vários pontos. Um deles era o de ser organizado de baixo para cima, de começar na fábrica, sob a liderança de operários que vinham das linhas de produção, em contraste com a estrutura burocratizada dominada pelos pelegos. Grande ênfase era dada às comissões de fábrica e aos delegados sindicais que funcionavam dentro das fábricas. As decisões finais eram tomadas em grandes assembleias que reuniam às vezes até 150 mil operários, e não por pequenos comitês de dirigentes. Os novos líderes tinham grande carisma, sobretudo Luís Inácio da Silva, Lula, que se tornou um dos principais nomes da vida política nacional. Outra característica do novo sindicalismo, em contraste radical com o antigo sistema, era a insistência em se manter independente do controle do Estado. Não era movimento paralelo ao anterior: buscava transformar o sistema antigo em representação autêntica do operariado. Essa tendência consolidou-se com a formação de organizações sindicais nacionais. Reuniu-se em 1981, a primeira Conferência Nacional das Classes Trabalhadoras (Conclat) para criar uma entidade nacional, ignorando a proibição legal ainda em vigor. Dividiam-se os trabalhadores em duas tendências principais, os ligados a Lula, que insistiam no fortalecimento das bases e na greve como instrumento de ação, e os ligados ao Partido Comunista, que ainda pensavam no controle das cúpulas e nas alianças políticas típicas da prática anterior. A reunião não chegou a um acordo. Após dois anos de debates, o movimento dividiu-se em duas organizações nacionais, a Central Única dos Trabalhadores (CUT), dos que se chamavam "autênticos", vinculados ao PT, e a Coordenação Nacional da Classe Trabalhadora (Conclat), ligados ao PMDB e ao Partido Comunista. A postura mais agressiva da CUT lhe rendeu maiores ganhos nas lutas sindicais e maior influência sobre as categorias profissionais mais modernas. A Conclat tinha influência sobre grande número de sindicatos menores e mais tradicionais. Transformou-se em 1986 em Central Geral dos Trabalhadores (CGT), referência à organização criada no início dos anos 60.

Outro aspecto da luta pela independência dos sindicatos era a busca de negociação direta com os empregadores por meio de contratos coletivos, fugindo da justiça do trabalho. De início, houve reação do governo, intervenção nos sindicatos, brutalidade policial, prisão de líderes, inclusive do próprio

Lula. Aos poucos, a prática foi sendo aceita, em parte talvez por terem os operários como interlocutoras as grandes empresas multinacionais acostumadas a esse tipo de negociação. Aos poucos, os alicerces da CLT iam sendo minados.

Era também nova a forte presença de sindicatos rurais. Ausentes até 1963, eles não tiveram seu crescimento interrompido durante os governos militares. Os líderes mais militantes foram afastados, os sindicatos mais agressivos sofreram intervenção. Mas continuaram a crescer, transformados em órgãos assistencialistas. O número de sindicatos rurais cresceu rapidamente, a ponto de em 1979 ser praticamente igual o número de trabalhadores sindicalizados rurais e urbanos (5 milhões para cada lado). Como sindicatos assistencialistas, não se podia esperar grande mobilização política de sua parte. Mas a própria natureza violenta dos conflitos de terra e a ação da Igreja Católica por meio de sua Comissão Pastoral da Terra contribuíram para alterar o quadro. Em 1979 houve greves entre os cortadores de cana de Pernambuco, e a Confederação Nacional dos Trabalhadores na Agricultura (Contag) colocou-se à mesma altura das outras confederações nas negociações nacionais para a formação de uma central sindical, embora sem o poder de fogo de suas congêneres.

Fora do mundo partidário e sindical houve também grandes modificações no movimento popular. Após o fracasso da guerrilha no início dos anos 70, desapareceram as várias organizações militarizadas formadas a partir de 1968. Muitos de seus membros foram presos, exilados, mortos, ou deixaram a militância por perceberem a impossibilidade de uma solução revolucionária por meios violentos. Em seu lugar, desenvolveram-se outras organizações, civis ou religiosas, cujas finalidades nem sempre eram diretamente políticas, mas que tinham a vantagem de um contato estreito com as bases, o que não se dava com os grupos guerrilheiros.

Dentro da Igreja Católica, no espírito da teologia da libertação, surgiram as Comunidades Eclesiais de Base (CEBs). A Igreja começou a mudar sua atitude a partir da Segunda Conferência dos Bispos Latino-Americanos, de 1968, em Medellín. Em 1970, o próprio Papa denunciou a tortura no Brasil. A hierarquia católica moveu-se com firmeza na direção da defesa dos direitos humanos e da oposição ao regime militar. Seu órgão máximo de decisão era a Conferência Nacional dos Bispos do Brasil (CNBB). A reação do governo levou a prisões e mesmo a assassinatos de padres. Mas a Igreja como um todo era poderosa demais para ser intimidada, como o foram os partidos políticos e os sindicatos. Ela se tornou um baluarte da luta contra a ditadura.

As CEBs surgiram em torno de 1975. Antes de 1964, os setores militantes da Igreja atuavam nos sindicatos e no movimento estudantil por meio da Juventude Operária Católica (JOC) e das Juventudes Estudantil e Universitária Católicas (JEC e JUC). Dentro do novo espírito de aproximar-se do povo, sobretudo dos pobres, a Igreja passou a trabalhar também com as populações marginalizadas das periferias urbanas. O trabalho religioso ligava-se diretamente às condições sociais desses grupos e era ao mesmo tempo um esforço de conscientização política. Alguns teóricos da teologia da libertação aproximaram-se abertamente do marxismo. As CEBs expandiram-se por todo o país, abrangendo também as áreas rurais. Por volta de 1985, seu número estava em torno de 80 mil. A atuação política fez com que elas se aproximassem do PT, apesar dos esforços da hierarquia em evitar vinculação partidária. A identificação com o PT já era nítida nas eleições de 1982. Sem discutir as dificuldades que tal envolvimento político poderia trazer, inclusive para a dimensão religiosa da ação da Igreja, é importante notar que as CEBs constituíam outro exemplo da tendência dos anos 80 de abandonar orientações de cúpula e buscar o contato direto com a população. Isto se verificou no movimento sindical, no PT, nas CEBs e nos chamados movimentos sociais urbanos de que se fala a seguir.

Desde a segunda metade dos anos 70, acompanhando o início de abertura do governo Geisel, houve enorme expansão dos movimentos sociais urbanos. Como diz o nome, eram movimentos típicos das cidades, sobretudo das metrópoles. Entre eles estavam os movimentos dos favelados. Eles já existiam desde a década de 40, mas adquiriram maior força e visibilidade nos anos 70. A eles se juntaram as associações de moradores de classe média, que se multiplicaram da noite para o dia. No início dos anos 80 já havia mais de 8 mil delas no país.

Esses dois tipos de organização se caracterizavam por estarem voltados para problemas concretos da vida cotidiana. A enorme expansão da população urbana causara grande deterioração nas condições de vida, de vez que as administrações municipais não conseguiam expandir os serviços na mesma rapidez. O que os movimentos pediam eram medidas elementares, como asfaltamento de ruas, redes de água e de esgoto, energia elétrica, transporte público, segurança, serviços de saúde. Os movimentos de favelados reclamavam ainda a legalização da posse de seus lotes. A tática mais comum dos movimentos de moradores e favelados era o contato direto com as administrações municipais. Embora sem conotação partidária, esses movimentos representaram o despertar da consciência de direitos e serviram para o treinamento de lideranças políticas. Muitos presidentes de associações ingressaram na política partidária.

Houve ainda grande expansão de associações de profissionais de classe média, como professores, médicos, engenheiros, funcionários públicos. Muitas dessas associações coexistiam com os sindicatos, mas para as categorias profissionais proibidas de se sindicalizar, como os funcionários públicos, elas eram os únicos canais de atuação coletiva. As associações de classe média, com os sindicatos, tornaram-se focos de mobilização profissional e política. À medida que os efeitos do "milagre" desapareciam, as greves dos setores médios tornaram-se mais frequentes do que as greves operárias. A própria CUT teve sua composição alterada pela adesão desses sindicatos de classe média.

Além do MDB e da Igreja Católica, duas outras organizações se afirmaram como pontos de resistência ao governo militar. A primeira delas foi a Ordem dos Advogados do Brasil (OAB). Criada em 1930 por decreto do governo, a OAB de início sofreu oposição da maioria dos advogados, que tinham organização própria, o Instituto dos Advogados do Brasil, criado em 1843. Concebida dentro do espírito corporativo, a OAB significava para eles perda de liberdade e de autonomia. Mas aos poucos ela conseguiu atrair advogados influentes e se firmou como representante da classe. Sua posição em relação ao movimento de 64 foi de início ambivalente, dividindo-se seus membros entre o apoio e a oposição. À medida que o regime se tornava mais repressivo, a OAB evoluiu para uma tímida oposição. A partir de 1973, no entanto, assumiu oposição aberta. Muitos advogados e juristas continuaram, naturalmente, a prestar seus serviços ao governo, redigindo os atos de exceção, defendendo-os, assumindo postos no Executivo. Vários juristas de prestígio ocuparam o Ministério da Justiça.

A OAB, no entanto, em parte por convicção, em parte por interesse profissional, caminhou na direção oposta. O interesse profissional era óbvio, na medida em que o estado de exceção reduzia o campo de atividade dos advogados. O AI-5, como vimos, excluía da apreciação judicial os atos praticados de acordo com suas disposições. As intervenções no Poder Judiciário também desmoralizavam a justiça como um todo. Os juízes eram atingidos diretamente, mas, indiretamente, igualmente os advogados eram prejudicados. Muitos membros da OAB, porém, agiam também em função de uma sincera crença na importância dos direitos humanos. A V Conferência anual da Ordem, realizada em 1974, foi dedicada exatamente aos direitos humanos. A OAB tornou-se daí em diante uma das trincheiras de defesa da legalidade constitucional e civil. Como represália, o governo tentou retirar sua autonomia, vinculando-a ao Ministério do Trabalho, mas sem êxito. Em 1980, seu presidente foi alvo do atentado em que perdeu a vida uma secretária. O prestígio político da OAB atingiu o auge em 1979, quando seu presidente, Raimundo Faoro, foi cogitado como candidato da oposição à presidência da República.

Outra instituição atuante na resistência foi a Associação Brasileira de Imprensa (ABI), cuja tradição de luta era menos ambígua do que a da OAB. Em seu caso também, o interesse corporativo era inegável. A profissão de jornalista exige liberdade de expressão e de informação para poder exercer-se com plenitude. A censura à imprensa e aos meios de comunicação em geral, sobretudo a censura prévia, não podia deixar de merecer a repulsa dos jornalistas. Mesmo jornais conservadores, como *O Estado de S. Paulo*, não aceitavam a censura. Esse jornal, um dos mais sólidos e tradicionais do país, foi dos que mais resistiram à censura. Nos piores momentos, deixava espaços em branco na primeira página, denunciando notícias censuradas ou, então, publicava poemas de Camões, ou receitas culinárias. O interesse profissional não tira, é claro, o mérito da luta. A ABI ajudou a reconstruir a democracia. Seu presidente, Barbosa Lima Sobrinho, foi candidato à vice-presidência da República na chapa da oposição em 1984.

A terceira instituição a assumir papel político importante foi a Sociedade Brasileira para o Progresso da Ciência (SBPC). Fundada em 1948, a SBPC se dedicava exclusivamente a assuntos profissionais relacionados à pesquisa científica. Dela participavam pesquisadores de todas as áreas do conhecimento, das ciências exatas às ciências humanas. Uma vez por ano, promovia uma grande reunião com milhares de participantes para debate de temas científicos. Durante os governos militares, as reuniões anuais começaram a adquirir crescente conotação política de oposição. Em 1977, o governo tentou impedir a reunião anual, suspendendo todo o apoio financeiro que tradicionalmente era dado para essa finalidade. A reunião foi realizada na Pontifícia Universidade Católica de São Paulo, à revelia do governo, em clima emocional de confronto político. O número de participantes das reuniões cresceu muito, atingindo 6 mil na reunião de 1977. O mundo acadêmico tinha nessas ocasiões oportunidade ímpar de manifestar sua oposição.

Menos organizados, mas não menos eficientes na ação oposicionista, foram os artistas e intelectuais. Apesar da censura, compositores e músicos foram particularmente eficazes graças a sua grande popularidade. O nome que melhor personificou a resistência foi, sem dúvida, o de Chico Buarque de Holanda, cujas canções se transformaram em hinos oposicionistas. Embora a crítica direta fosse proibida, para bom entendedor as letras eram suficientemente claras. Com menor alcance, atores, humoristas, intelectuais em geral deram sua contribuição à luta pela redemocratização, pagando às vezes o preço da prisão ou do exílio.

O auge da mobilização popular foi a campanha pelas eleições diretas, em 1984. As eleições estavam previstas para janeiro de 1985 e seriam feitas por um colégio eleitoral que incluía senadores, deputados federais e representantes das assembleias estaduais. Desta vez, as forças de oposição decidiram ir além do simples lançamento de um candidato que competisse simbolicamente com o candidato oficial. Sob a liderança do PMDB, com a participação dos outros partidos de oposição, da CNBB, OAB, ABI e outras organizações, lançou-se uma campanha de rua pela eleição direta do presidente. O objetivo imediato era forçar o Congresso, onde o governo detinha maioria simples, a aprovar emenda à Constituição que permitisse a eleição direta. A emenda teria que ser aprovada por dois terços dos votos, o que exigia que parte do PDS, partido do governo, a apoiasse.

A campanha das diretas foi, sem dúvida, a maior mobilização popular da história do país, se medida pelo número de pessoas que nas capitais e nas maiores cidades saíram às ruas. Ela começou com um pequeno comício de 5 mil pessoas em Goiânia, atingiu depois as principais cidades e terminou com um comício de 500 mil pessoas no Rio de Janeiro e outro de mais de 1 milhão em São Paulo. Tentativas esporádicas de impedir as manifestações, partidas de alguns militares inconformados com a abertura, não tiveram êxito. A ampla cobertura da imprensa, inclusive da Rede Globo, tornava quase impossível deter o movimento. Interrompê-lo só seria possível com uso de muita violência, uma tática que poderia ser desastrosa para o governo.

Os comícios transformaram-se em grandes festas cívicas. Compareciam os líderes dos partidos de oposição, os presidentes de associações influentes como a ABI e a OAB, e, sobretudo, os mais populares jogadores de futebol, cantores e artistas de televisão. Músicas populares de protesto eram cantadas com acompanhamento da multidão, tudo sempre em perfeita ordem. As cores nacionais, o verde e o amarelo, tingiam roupas, faixas, bandeiras. A bandeira nacional foi recuperada como símbolo cívico. A última vez em que fora usada publicamente tinha sido nas manifestações de nacionalismo conservador e xenófobo do governo Médici. Mais que tudo, o hino nacional foi revalorizado e reconquistado pelo povo. Ao final de cada comício, era cantado pela multidão num espetáculo que a poucos deixava de impressionar e comover. Uma versão personalizada do hino, executada por Fafá de Belém, tornou-se o grande símbolo da campanha.

Faltaram 22 votos para a maioria de dois terços em favor da emenda. Os 55 votos dos dissidentes do PDS não foram suficientes para a vitória das diretas. Apesar da frustração, a campanha das ruas não foi inútil. A oposição lançou o experiente Tancredo Neves, governador de Minas Gerais, como candidato para enfrentar o candidato oficial. O candidato a vice-presidente foi escolhido entre dissidentes do PDS que tinham formado o Partido da Frente Liberal (PFL). A eleição seria feita em um colégio eleitoral dominado pelo governo. Foi intensa a campanha em favor de Tancredo Neves. Pesquisas de opinião pública lhe davam a preferência de 69% da população. A pressão popular sobre os deputados governistas desta vez foi irresistível. Tancredo Neves ganhou 480 votos do colégio eleitoral, contra 180 dados ao candidato do governo. Terminava o ciclo dos governos militares.

UM BALANÇO DO PERÍODO MILITAR

Como avaliar os 21 anos de governo militar do ponto de vista da construção da cidadania? Houve retrocessos claros, houve avanços também claros, a partir de 1974, e houve situações ambíguas. Comecemos pela relação entre direitos sociais e políticos. Nesse ponto os governos militares repetiram a tática do Estado Novo: ampliaram os direitos sociais, ao mesmo tempo que restringiam os direitos políticos. O período democrático entre 1945 e 1964 se caracterizara pelo oposto: ampliação dos direitos políticos e paralisação, ou avanço lento, dos direitos sociais. Pode-se dizer que o autoritarismo brasileiro pós-30 sempre procurou compensar a falta de liberdade política com o paternalismo social. Na década de 30, sobretudo durante o Estado Novo, a tática teve grande êxito, como atestam a popularidade do varguismo e sua longa vida na política nacional. O corporativismo sindical e a visão do Poder Executivo como dispensador de benefícios sociais ficaram gravados na experiência de uma geração inteira de trabalhadores. A eficácia da tática foi menor no período militar. Uma das razões para o fato foi que a mobilização política anterior ao golpe foi muito maior do que a que precedeu 1930. Como consequência, o custo, para o governo, de suprimir os direitos políticos foi também maior. O custo externo também foi maior, pois a situação internacional não era favorável ao autoritarismo, em contraste com a década de 30. Os custos interno e externo eram tão altos que os militares mantiveram uma fachada de democracia e permitiram o funcionamento dos partidos e do Congresso.

Outra razão é que um dos aspectos da política social dos governos militares — a uniformização e unificação do sistema previdenciário — feria interesses corporativos da máquina sindical montada durante o Estado Novo. Como foi visto, essa máquina controlava os institutos de aposentadoria e pensões das várias categorias profissionais. Como a cúpula sindical se politizara muito nos anos 60, a racionalização previdenciária significou para ela uma perda política e, portanto, um custo para o governo.

Uma terceira razão tem a ver com o setor rural. Foi sobre ele, sem dúvida, que a ação social do governo se fez sentir com maior força e redundou em ganho político muito grande. Mas pode-se também dizer que o ganho político da extensão da legislação social ao campo foi menor do que o conseguido por Vargas ao estendê-la ao setor urbano. O operariado urbano era mais militante e crescia rapidamente. Neutralizá-lo e cooptá-lo politicamente foi uma façanha considerável. Em contraste, o setor rural em 1964 tinha apenas um ano de sindicalização intensa. Além disso, a população rural declinava rapidamente. Daí o impacto social menor que o obtido no Estado Novo.

Entende-se, assim, mais facilmente, por que o apoio aos governos militares foi passageiro. O "milagre" econômico deixara a classe média satisfeita, disposta a fechar os olhos à perda dos direitos políticos. Os trabalhadores rurais sentiam-se pela primeira vez objeto da atenção do governo. Os operários urbanos, os mais sacrificados, pelo menos não perderam seus direitos sociais e ganharam alguns novos. Enquanto durou o alto crescimento, eles tinham mais empregos, embora menores salários. Mas, uma vez desaparecido o "milagre", quando a taxa de crescimento começou a decrescer, por volta de 1975, o crédito do regime esgotou-se rapidamente. A classe média inquietou-se e começou a engrossar os votos da oposição. Os operários urbanos retomaram sua luta por salários e maior autonomia. Os trabalhadores rurais foram os únicos a permanecer governistas. As zonas rurais foram o último bastião eleitoral do regime. Mas, como seu peso era declinante, não foi capaz de compensar a grande força oposicionista das cidades.

Assim, o efeito negativo da introdução de direitos sociais em momento de supressão de direitos políticos foi menor durante os governos militares do que no Estado Novo. Se o apoio ao governo Médici revelou baixa convicção democrática, o rápido abandono do regime mostrou maior independência política da população. Do mesmo modo, se a manutenção de eleições conjugada ao esvaziamento do papel dos partidos e do Congresso era desmoralizadora para a democracia, a população mostrou que, no momento oportuno, era capaz de revalorizar a representação e usá-la contra o governo.

Ainda do lado positivo, a queda dos governos militares teve muito mais participação popular do que a queda do Estado Novo, quando o povo estava, de fato, ao lado de Vargas. A ampliação dos mercados de consumo e de emprego e o grande crescimento das cidades durante o período militar criaram condições para a ampla mobilização e organização social que aconteceram após 1974. O movimento pelas eleições diretas em 1984 foi o ponto culminante de um movimento de mobilização política de dimensões inéditas na história do país. Pode-se dizer que o movimento pelas diretas serviu de aprendizado para a campanha posterior em favor do impedimento de Fernando Collor, outra importante e inédita demonstração de iniciativa cidadã.

Apesar do desapontamento com o fracasso da luta pelas diretas e da frustração causada pela morte de Tancredo Neves, os brasileiros iniciaram o que se chamou de "Nova República" com o sentimento de terem participado de uma grande transformação nacional, de terem colaborado na criação de um país novo. Era uma euforia comparável àquela que marcou os anos de ouro de Juscelino Kubitschek. Certamente era muito mais autêntica e generalizada do que a da conquista da Copa em 1970, marcada pela xenofobia e manchada pelo sofrimento das vítimas da repressão.

Os avanços nos direitos sociais e a retomada dos direitos políticos não resultaram, no entanto, em avanços dos direitos civis. Pelo contrário, foram eles os que mais sofreram durante os governos militares. O *habeas corpus* foi suspenso para crimes políticos, deixando os cidadãos indefesos nas mãos dos agentes de segurança. A privacidade do lar e o segredo da correspondência eram violados impunemente. Prisões eram feitas sem mandado judicial, os presos eram mantidos isolados e incomunicáveis sem direito a defesa. Pior ainda: eram submetidos a torturas sistemáticas por métodos bárbaros que não raro levavam à morte da vítima. A liberdade de pensamento era cerceada pela censura prévia à mídia e às manifestações artísticas, e, nas universidades, pela aposentadoria e cassação de professores e pela proibição de atividades políticas estudantis.

O poder judiciário, em tese o garantidor dos direitos civis, foi repetidamente humilhado. Ministros do Supremo Tribunal foram aposentados e tiveram seus direitos políticos cassados. Outros não fizeram honra à instituição, colaborando com o arbítrio. O número de ministros foi aumentado para dar maioria aos partidários do governo. Além disso, a legislação de exceção, como o AI-5, suspendeu a revisão judicial dos atos do governo, impedindo os recursos aos tribunais.

Como consequência da abertura, esses direitos foram restituídos, mas continuaram beneficiando apenas parcela reduzida da população, os mais ricos e os mais educados. A maioria continuou fora do alcance da proteção das leis e dos tribunais. A forte urbanização favoreceu os direitos políticos, mas levou à formação de metrópoles com grande concentração de populações marginalizadas. Essas populações eram privadas de serviços urbanos e também de serviços de segurança e de justiça. Suas reivindicações, veiculadas pelas associações de moradores, tinham mais êxito quando se tratava de serviços urbanos do que de proteção de seus direitos civis. As polícias militares, encarregadas do policiamento ostensivo, tinham sido colocadas sob o comando do Exército durante os governos militares e foram usadas para o combate às guerrilhas rurais e urbanas. Tornaram-se completamente inadequadas, pela filosofia e pelas táticas adotadas, para proteger o cidadão e respeitar seus direitos, pois só viam inimigos a combater. A polícia tornou-se, ela própria, um inimigo a ser temido em vez de um aliado a ser respeitado.

A expansão do tráfico de drogas e o surgimento do crime organizado aumentaram a violência urbana e pioraram ainda mais a situação das populações faveladas. Muitas favelas, sobretudo em cidades como o Rio de Janeiro, passaram a ser controladas por traficantes devido à ausência da segurança pública. Seus habitantes ficavam entre a cruz dos traficantes e a caldeirinha da polícia, e era muitas vezes difícil decidir qual a pior opção. Pesquisas de opinião pública da época indicavam a segurança pública como uma das demandas mais importantes dos habitantes das grandes cidades.

A precariedade dos direitos civis lançava sombras ameaçadoras sobre o futuro da cidadania, que, de outro modo, parecia risonho ao final dos governos militares.

CAPÍTULO IV: A cidadania após a redemocratização

Apesar da tragédia da morte de Tancredo Neves, a retomada da supremacia civil em 1985 se fez de maneira razoavelmente ordenada e, até agora, sem retrocessos. A constituinte de 1988 redigiu e aprovou a constituição mais liberal e democrática que o país já teve, merecendo por isso o nome de Constituição Cidadã. Em 1989, houve a primeira eleição direta para presidente da República desde 1960. Duas outras eleições presidenciais se seguiram em clima de normalidade, precedidas de um inédito processo de impedimento do primeiro presidente eleito. Os direitos políticos adquiriram amplitude nunca antes atingida. No entanto, a estabilidade democrática não pode ainda ser considerada fora de perigo. A democracia política não resolveu os problemas econômicos mais sérios, como a desigualdade e o desemprego. Continuam os problemas da área social, sobretudo na educação, nos serviços de saúde e saneamento, e houve agravamento da situação dos direitos civis no que se refere à segurança individual. Finalmente, as rápidas transformações da economia internacional contribuíram para pôr em xeque a própria noção tradicional de direitos que nos guiou desde a independência. Os cidadãos brasileiros chegam ao final do milênio, 500 anos após a conquista dessas terras pelos portugueses e 178 anos após a fundação do país, envoltos num misto de esperança e incerteza.

A EXPANSÃO FINAL DOS DIREITOS POLÍTICOS

A Nova República começou em clima de otimismo, embalada pelo entusiasmo das grandes demonstrações cívicas em favor das eleições diretas. O otimismo prosseguiu na eleição de 1986 para formar a Assembleia Nacional Constituinte, a quarta da República. A Constituinte trabalhou mais de um ano na redação da Constituição, fazendo amplas consultas a especialistas e setores organizados e representativos da sociedade. Finalmente, foi promulgada a Constituição em 1988, um longo e minucioso documento em que a garantia dos direitos do cidadão era preocupação central.

A Constituição de 1988 eliminou o grande obstáculo ainda existente à universalidade do voto, tornando-o facultativo aos analfabetos. Embora o número de analfabetos se tivesse reduzido, ainda havia em 1990 cerca de 30 milhões de brasileiros de cinco anos de idade ou mais que eram analfabetos. Em 1998, 8% dos eleitores eram analfabetos. A medida significou, então, ampliação importante da franquia eleitoral e pôs fim a uma discriminação injustificável. A Constituição foi também liberal no critério de idade. A idade anterior para a aquisição do direito do voto, 18 anos, foi abaixada para 16, que é a idade mínima para a aquisição de capacidade civil relativa.

Entre 16 e 18 anos, o exercício do direito do voto tornou-se facultativo, sendo obrigatório a partir dos 18. A única restrição que permaneceu foi a proibição do voto aos conscritos. Embora também injustificada, a proibição atinge parcela pequena da população e apenas durante período curto da vida. Na eleição presidencial de 1989, votaram 72,2 milhões de eleitores; na de 1994, 77,9 milhões; na última eleição, em 1998, 83,4 milhões, correspondentes a 51% da população, porcentagem jamais alcançada antes e comparável, até com vantagem, à de qualquer país democrático moderno. Em 1998, o eleitorado inscrito era de 106 milhões, ou seja, 66% da população.

Também em outros aspectos a legislação posterior a 1985 foi liberal. Ao passo que o regime militar colocava obstáculos à organização e funcionamento dos partidos políticos, a legislação vigente é muito pouco restritiva. O Tribunal Superior Eleitoral aceita registro provisório de partidos com a assinatura de apenas 30 pessoas. O registro provisório permite que o partido concorra às eleições e tenha acesso gratuito à televisão. Foi também extinta a exigência de fidelidade partidária, isto é, o deputado ou senador não é mais obrigado a permanecer no partido sob pena de perder o mandato. Senadores, deputados, vereadores, bem como governadores e prefeitos, trocam impunemente de partido. Em consequência, cresceu muito o número de partidos. Em 1979, existiam dois partidos em funcionamento; em 1982, havia cinco; em 1986, houve um salto para 29, estando hoje o número em torno de 30. Muitos desses partidos são minúsculos e têm pouca representatividade. De um excesso de restrição passou-se a grande liberalidade.

Do ponto de vista do arranjo institucional, o problema mais sério que ainda persiste talvez seja o da distorção regional da representação parlamentar. O princípio de "uma pessoa, um voto" é amplamente violado pela legislação brasileira quando ela estabelece um piso de oito e um teto de 70 deputados. Os estados do Norte, Centro-Oeste e Nordeste são sobrerrepresentados na Câmara, enquanto os do Sul e Sudeste, sobretudo São Paulo, são sub-representados. Uma distribuição das cadeiras proporcional à população daria aos estados do Sul e Sudeste mais cerca de 70 deputados no total de 513. Em 1994, o voto de um eleitor de Roraima valia 16 vezes o de um eleitor paulista. O desequilíbrio na representação é reforçado pelo fato de que todos os estados elegem o mesmo número de senadores. Como favorece estados de população mais rural e menos educada, a sobrerrepresentação, além de falsear o sistema, tem sobre o Congresso um efeito conservador que se manifesta na postura da instituição. Trata-se de um vício de nosso federalismo, e difícil de extirpar, uma vez que qualquer mudança deve ser aprovada pelos mesmos deputados que se beneficiam do sistema.

Outros temas permanecem na pauta da reforma política. Tramitam no Congresso projetos para alterar o sistema eleitoral, reduzir o número de partidos e reforçar a fidelidade partidária. O projeto mais importante é o que propõe a introdução de um sistema eleitoral que combine o critério proporcional em vigor com o majoritário, segundo o modelo alemão. A ideia é aproximar mais os representantes de seus eleitores e reforçar a disciplina partidária. São também numerosos os partidários da introdução do sistema parlamentar de governo. Tais reformas são polêmicas sobretudo por causa da dificuldade em prever o impacto que podem ter.

No que se refere à pratica democrática, houve frustrações mas também claros avanços. Um dos avanços tem a ver com o surgimento do Movimento dos Sem Terra (MST). De alcance nacional, o MST representa a incorporação à vida política de parcela importante da população, tradicionalmente excluída pela força do latifúndio. Milhares de trabalhadores rurais se organizaram e pressionam o governo em busca de terra para cultivar e financiamento de safras. Seus métodos, a invasão de terras públicas ou não cultivadas, tangenciam a ilegalidade, mas, tendo em vista a opressão secular de que foram vítimas e a extrema lentidão dos governos em resolver o problema agrário, podem ser considerados legítimos. O MST é o melhor exemplo de um grupo que, utilizando-se do direito de organização, força sua entrada na arena política, contribuindo assim para a democratização do sistema.

Houve frustração com os governantes posteriores à democratização. A partir do terceiro ano do governo Sarney, o desencanto começou a crescer, pois ficara claro que a democratização não resolveria automaticamente os problemas do dia a dia que mais afligiam o grosso da população. As velhas práticas políticas, incluindo a corrupção, estavam todas de volta. Os políticos, os partidos, o Legislativo voltaram a transmitir a imagem de incapazes, quando não de corruptos e voltados unicamente para seus próprios interesses. Seguindo velha tradição nacional de esperar que a solução dos problemas venha de figuras messiânicas, as expectativas populares se dirigiram para um dos candidatos à eleição presidencial de 1989 que exibia essa característica. Fernando Collor, embora vinculado às elites políticas mais tradicionais do país, apresentou-se como um messias salvador desvinculado dos vícios dos velhos políticos. Baseou sua campanha no combate aos políticos tradicionais e à corrupção do governo. Representou o papel de um campeão da moralidade e da renovação da política nacional. O uso eficiente da televisão foi um de seus pontos fortes. Em um país com tantos analfabetos e semianalfabetos, a televisão se tornou o meio mais poderoso de propaganda. Fernando Collor venceu o primeiro turno das eleições, derrotando políticos experimentados e de passado inatacável, como o líder do PMDB, Ulisses Guimarães, e o líder do PSDB, Mário Covas. No segundo turno, derrotou o candidato do PT, o também carismático Luís Inácio Lula da Silva.

As eleições diretas, aguardadas como salvação nacional, resultaram na escolha de um presidente despreparado, autoritário, messiânico e sem apoio político no Congresso. Fernando Collor concorreu por um partido, o PRN, sem nenhuma representatividade, criado que fora para apoiar sua candidatura. Mesmo depois da posse do novo presidente, esse partido tinha 5% das cadeiras na Câmara dos Deputados. Era, portanto, incapaz de dar qualquer sustentação política ao presidente. A vitória nas urnas ficou desde o início comprometida pela falta de condições de governabilidade. O problema era agravado pela personalidade arrogante e megalomaníaca do candidato eleito. Os observadores mais perspicazes adivinharam logo as dificuldades que necessariamente surgiriam.

Embalado pela legitimidade do mandato popular, o presidente adotou de início medidas radicais e ambiciosas para acabar com a inflação, reduzir o número de funcionários públicos, vender empresas estatais, abrir a economia ao mercado externo. Mas logo se fizeram sentir as dificuldades decorrentes da falta de apoio parlamentar e da falta de vontade e capacidade do presidente de negociar esse apoio. Paralelamente, foram surgindo sinais de corrupção praticada por pessoas próximas ao presidente. Os sinais tornaram-se certeza quando o próprio irmão o denunciou publicamente. Descobriu-se, então, que fora montado pelo tesoureiro da campanha presidencial, amigo íntimo do presidente, o esquema mais ambicioso de corrupção jamais visto nos altos escalões do governo. Por meio de chantagens, da venda de favores governamentais, de barganhas políticas, milhões de dólares foram extorquidos de empresários para financiar campanhas, sustentar a família do presidente e enriquecer o pequeno grupo de seus amigos.

Humilhada e ofendida, a população que fora às ruas oito anos antes para pedir as eleições diretas repetiu a jornada para pedir o impedimento do primeiro presidente eleito pelo voto direto. A campanha espalhou-se pelo país e mobilizou principalmente a juventude das grandes cidades. Pressionado pelo grito das ruas, o Congresso abriu o processo de impedimento que resultou no afastamento do presidente, dois anos e meio depois da posse, e em sua substituição pelo vice-presidente, Itamar Franco. O impedimento foi sem dúvida uma vitória cívica importante. Na história do Brasil e da América Latina, a regra para afastar presidentes indesejados tem sido revoluções e golpes de Estado. No sistema presidencialista que nos serviu de modelo, o dos Estados Unidos, o método foi muitas vezes o assassinato. Com exceção do Panamá, nenhum outro país presidencialista da América tinha levado antes até o fim um processo de impedimento. O fato de ele ter sido completado dentro da lei foi um avanço na prática democrática. Deu aos cidadãos a sensação inédita de que podiam exercer algum controle sobre os governantes. Avanço também foram as duas eleições presidenciais seguintes, feitas em clima de normalidade. Na primeira, em 1994, foi eleito em primeiro turno o sociólogo Fernando Henrique Cardoso. Durante seu mandato, o Congresso, sob intensa pressão do Executivo, aprovou a reeleição, que veio a beneficiar o presidente na eleição de 1998, ganha por ele também no primeiro turno.

DIREITOS SOCIAIS SOB AMEAÇA

A Constituição de 1988 ampliou também, mais do que qualquer de suas antecedentes, os direitos sociais. Fixou em um salário mínimo o limite inferior para as aposentadorias e pensões e ordenou o pagamento de pensão de um salário mínimo a todos os deficientes físicos e a todos os maiores de 65 anos, independentemente de terem contribuído para a previdência. Introduziu ainda a licença-paternidade, que dá aos pais cinco dias de licença do trabalho por ocasião do nascimento dos filhos.

A prática aqui também teve altos e baixos. Indicadores básicos de qualidade de vida passaram por lenta melhoria. Assim, por exemplo, a mortalidade infantil caiu de 73 por mil crianças nascidas vivas em 1980 para 39,4 em 1999. A esperança de vida ao nascer passou de 60 anos em 1980 para 67 em 1999. O progresso mais importante se deu na área da educação fundamental, que é fator decisivo para a cidadania. O analfabetismo da população de 15 anos ou mais caiu de 25,4% em 1980 para 14,7% em 1996. A escolarização da população de sete a 14 anos subiu de 80% em 1980 para 97% em 2000. O progresso se deu, no entanto, a partir de um piso muito baixo e refere-se sobretudo ao número de estudantes matriculados. O índice de repetência ainda é muito alto. Ainda são necessários mais de dez anos para se completarem os oito anos do ensino fundamental. Em 1997, 32% da população de 15 anos ou mais era ainda formada de analfabetos funcionais, isto é, que tinham menos de quatro anos de escolaridade.

No campo da previdência social, a situação é mais complexa. De positivo houve a elevação da aposentadoria dos trabalhadores rurais para o piso de um salário mínimo. Foi também positiva a introdução da renda mensal vitalícia para idosos e deficientes, mas sua implementação tem sido muito restrita. O principal problema está nos benefícios previdenciários, sobretudo nos valores das aposentadorias. A necessidade de reduzir o déficit nessa área foi usada para justificar reformas no sistema que atingem negativamente sobretudo o funcionalismo público. Foi revogado o critério de tempo de serviço, que permitia aposentadorias muito precoces, substituído por uma combinação de tempo de contribuição com idade mínima. Foram também eliminados os regimes especiais que permitiam aposentadorias com menor tempo de contribuição. O problema do déficit ainda persiste, e, diante das pressões no sentido de reduzir o custo do Estado, pode-se esperar que propostas mais radicais como a da privatização do sistema previdenciário voltem ao debate.

Mas as maiores dificuldades na área social têm a ver com a persistência das grandes desigualdades sociais que caracterizam o país desde a independência, para não mencionar o período colonial. O Brasil é hoje o oitavo país do mundo em termos de produto interno bruto. No entanto, em termos de renda *per capita*, é o 34º. Segundo relatório do Banco Mundial, era o país mais desigual do mundo em 1989, medida a desigualdade pelo índice de Gini. Em 1997, o índice permanecia inalterado (0,6). Pior ainda, segundo dados do Instituto de Pesquisa Econômica Aplicada (Ipea), a desigualdade econômica cresceu ligeiramente entre 1990 e 1998. Na primeira data, os 50% mais pobres detinham 12,7% da renda nacional; na segunda, 11,2%. De outro lado, os 20% mais ricos tiveram sua parcela da renda aumentada de 62,8% para 63,8% no mesmo período.

A desigualdade é sobretudo de natureza regional e racial. Em 1997, a taxa de analfabetismo no Sudeste era de 8,6%; no Nordeste, de 29,4%. O analfabetismo funcional no Sudeste era de 24,5%; no Nordeste era de 50%, e no Nordeste rural, de 72%; a mortalidade infantil era de 25% no Sudeste em 1997, de 59% no Nordeste, e assim por diante. O mesmo se dá em relação à cor. O analfabetismo em 1997 era de 9,0% entre os brancos e de 22% entre negros e pardos; os brancos tinham 6,3 anos de escolaridade; os negros e pardos, 4,3; entre os brancos, 33,6% ganhavam até um salário mínimo; entre os negros, 58% estavam nessa situação, e 61,5 % entre os pardos; a renda média dos brancos era de 4,9 salários mínimos; a dos negros, 2,4, e a dos pardos, 2,2. Esses exemplos poderiam ser multiplicados sem dificuldade.

A escandalosa desigualdade que concentra nas mãos de poucos a riqueza nacional tem como consequência níveis dolorosos de pobreza e miséria. Tomando-se a renda de 70 dólares — que a Organização Mundial da Saúde (OMS) considera ser o mínimo necessário para a sobrevivência — como a linha divisória da pobreza, o Brasil tinha, em 1997, 54% de pobres. A porcentagem correspondia a 85 milhões de pessoas, numa população total de 160 milhões. No Nordeste, a porcentagem subia para 80%. A persistência da desigualdade é apenas em parte explicada pelo baixo crescimento econômico do país nos últimos 20 anos. Mesmo durante o período de alto crescimento da década de 70 ela não se reduziu. Crescendo ou não, o país permanece desigual. O efeito positivo sobre a distribuição de renda trazido pelo fim da inflação alta teve efeito passageiro. A crise cambial de 1999 e a consequente redução do índice de crescimento econômico eliminaram as vantagens conseguidas no início.

DIREITOS CIVIS RETARDATÁRIOS

Os direitos civis estabelecidos antes do regime militar foram recuperados após 1985. Entre eles cabe salientar a liberdade de expressão, de imprensa e de organização. A Constituição de 1988 ainda inovou criando o direito de *habeas data*, em virtude do qual qualquer pessoa pode exigir do governo acesso às informações existentes sobre ela nos registros públicos, mesmo as de caráter confidencial. Criou ainda o "mandado de injunção", pelo qual se pode recorrer à justiça para exigir o cumprimento de dispositivos constitucionais ainda não regulamentados. Definiu também o racismo como crime inafiançável e imprescritível e a tortura como crime inafiançável e não anistiável. Uma lei ordinária de 1989 definiu os crimes resultantes de preconceito de cor ou raça. A Constituição ordenou também que o Estado protegesse o consumidor, dispositivo que foi regulamentado na Lei de Defesa do Consumidor, de 1990. Fora do âmbito constitucional, foi criado em 1996 o Programa Nacional dos Direitos Humanos, que prevê várias medidas práticas destinadas a proteger esses direitos. Cabe ainda mencionar como relevante a criação dos Juizados Especiais de Pequenas Causas Cíveis e Criminais, em 1995. Esses juizados pretendem simplificar, agilizar e baratear a prestação de justiça em causas cíveis de pequena complexidade e em infrações penais menores.

Essas inovações legais e institucionais foram importantes, e algumas já dão resultado. Os juizados, por exemplo, têm tido algum efeito em tornar a justiça mais acessível. No entanto, pode-se dizer que, dos direitos que compõem a cidadania, no Brasil são ainda os civis que apresentam as maiores deficiências em termos de seu conhecimento, extensão e garantias. A precariedade do conhecimento dos direitos civis, e também dos políticos e sociais, é demonstrada por pesquisa feita na região metropolitana do Rio de Janeiro em 1997. A pesquisa mostrou que 57% dos pesquisados não sabiam mencionar um só direito e só 12% mencionaram algum direito civil. Quase a metade achava que era legal a prisão por simples suspeita. A pesquisa mostrou que o fator mais importante no que se refere ao conhecimento dos direitos é a educação. O desconhecimento dos direitos caía de 64% entre os entrevistados que tinham até a 4ª série para 30% entre os que tinham o terceiro grau, mesmo que incompleto. Os dados revelam ainda que educação é o fator que mais bem explica o comportamento das pessoas no que se refere ao exercício dos direitos civis e políticos. Os mais educados se filiam mais a sindicatos, a órgãos de classe, a partidos políticos.

A falta de garantia dos direitos civis pode ser medida por pesquisas feitas pelo Instituto Brasileiro de Geografia e Estatística (IBGE), referentes ao ano de 1988. Segundo o IBGE, nesse ano 4,7 milhões de pessoas de 18 anos ou mais envolveram-se em conflitos. Dessas, apenas 62% recorreram à justiça para resolvê-los. A maioria preferiu não fazer nada ou tentou resolvê-los por conta própria. Especificando-se o conflito e as razões da falta de recurso à justiça, os dados são ainda mais reveladores. Assim, nos conflitos referentes a roubo e furto, entre os motivos alegados para não recorrer à justiça, três tinham diretamente a ver com a precariedade das garantias legais: 28% alegaram não acreditar na justiça, 4% temiam represálias, 9% não queriam envolvimento com a polícia. Ao todo, 41% das pessoas não recorreram por não crer na justiça ou por temê-la. Os dados referentes aos conflitos que envolviam agressão física revelam que 45% não recorreram à justiça pelas mesmas razões. É importante notar que também nessa pesquisa o grau de escolaridade tem grande importância. Entre as pessoas sem instrução ou com menos de um ano de instrução, foram 74% as que não recorreram. A porcentagem cai para 57% entre as pessoas com 12 ou mais anos de instrução. A pesquisa na região metropolitana do Rio de Janeiro, já mencionada, mostra que a situação não se alterou nos últimos dez anos. Os resultados mostram que só 20% das pessoas que sofrem alguma violação de seus direitos — furto, roubo, agressão etc. — recorrem à polícia para dar queixa. Os outros 80% não o fazem por temor da polícia ou por não acreditarem nos resultados.

A falta de garantia dos direitos civis se verifica sobretudo no que se refere à segurança individual, à integridade física, ao acesso à justiça. O rápido crescimento das cidades transformou o Brasil em país predominantemente urbano em poucos anos. Em 1960, a população rural ainda superava a urbana. Em 2000,

81% da população já era urbana. Com a urbanização, surgiram as grandes metrópoles. Nelas, a combinação de desemprego, trabalho informal e tráfico de drogas criou um campo fértil para a proliferação da violência, sobretudo na forma de homicídios dolosos. Os índices de homicídio têm crescido sistematicamente. Na América Latina o Brasil só perde para a Colômbia, país em guerra civil. A taxa nacional de homicídios por 100 mil habitantes passou de 13 em 1980 para 23 em 1995, quando é de 8,2 nos Estados Unidos. Nas capitais e outras grandes cidades, ela é muito mais alta: 56 no Rio de Janeiro, 59 em São Paulo, 70 em Vitória. Roubos, assaltos, balas perdidas, sequestros, assassinatos, massacres passaram a fazer parte do cotidiano das grandes cidades, trazendo a sensação de insegurança à população, sobretudo nas favelas e bairros pobres.

O problema é agravado pela inadequação dos órgãos encarregados da segurança pública para o cumprimento de sua função. As polícias militares estaduais cresceram durante a Primeira República com a implantação do federalismo. Os grandes estados, como São Paulo, Minas Gerais, Rio Grande do Sul, fizeram delas pequenos exércitos locais, instrumentos de poder na disputa pela presidência da República. Uma das exigências do Exército após 1930 foi estabelecer o controle sobre as polícias militares. No Estado Novo, elas foram postas sob a jurisdição do Ministério da Guerra (como era então chamado o Ministério do Exército), que lhes vetou o uso de armamento pesado. A Constituição democrática de 1946 manteve parte do controle, declarando as polícias estaduais forças auxiliares e reservas do Exército. Durante o governo militar, as polícias militares foram postas sob o comando de oficiais do Exército e completou-se o processo de militarização de seu treinamento. Elas tinham seus órgãos de inteligência e repressão política que atuavam em conjunto com os seus correspondentes nas forças armadas.

A Constituição de 1988 apenas tirou do Exército o controle direto das polícias militares, transferindo-o para os governadores dos estados. Elas permaneceram como forças auxiliares e reservas do Exército e mantiveram as características militares. Tornaram-se novamente pequenos exércitos que às vezes escapam ao controle dos governadores. Essa organização militarizada tem se revelado inadequada para garantir a segurança dos cidadãos. O soldado da polícia é treinado dentro do espírito militar e com métodos militares. Ele é preparado para combater e destruir inimigos, e não para proteger cidadãos. Ele é aquartelado, responde a seus superiores hierárquicos, não convive com os cidadãos que deve proteger, não os conhece, não se vê como garantidor de seus direitos. Nem no combate ao crime as polícias militares têm se revelado eficientes. Pelo contrário, nas grandes cidades e mesmo em certos estados da federação, policiais militares e civis têm se envolvido com criminosos e participado de um número crescente de crimes. Os que são expulsos da corporação se tornam criminosos potenciais, organizam grupos de extermínio e participam de quadrilhas. Mesmo a polícia civil, que não tem treinamento militarizado, se vem mostrando incapaz de agir dentro das normas de uma sociedade democrática. Continuam a surgir denúncias de prática de tortura de suspeitos dentro das delegacias, apesar das promessas de mudança feitas pelos governos estaduais. São também abundantes as denúncias de extorsão, corrupção, abuso de autoridade feitas contra policiais civis.

Alguns casos de violência policial ficaram tristemente célebres no país, com repercussão constrangedora no exterior. Em 1992, a polícia militar paulista invadiu a Casa de Detenção do Carandiru para interromper um conflito e matou 111 presos. Em 1992, policiais mascarados massacraram 21 pessoas em Vigário Geral, no Rio de Janeiro. Em 1996, em pleno Centro do Rio de Janeiro, em frente à Igreja da Candelária, sete menores que dormiam na rua foram fuzilados por policiais militares. No mesmo ano, em Eldorado do Carajás, policiais militares do Pará atiraram contra trabalhadores sem-terra, matando 19 deles. Exceto pelo massacre da Candelária, os culpados dos outros crimes não foram até hoje condenados. No caso de Eldorado do Carajás, o primeiro julgamento absolveu os policiais. Posteriormente anulado, ainda não houve segundo julgamento. A população ou teme o policial, ou não lhe tem confiança. Nos grandes centros, as empresas e a classe alta cercam-se de milhares de guardas particulares para fazer o trabalho da polícia fora do controle do poder público. A alta classe média entrincheira-se em condomínios protegidos por muros e guaritas. As favelas, com menos recursos, ficam à mercê de quadrilhas organizadas que, por ironia, se encarregam da única segurança disponível. Quando a polícia aparece na favela é para trocar tiros com as quadrilhas, invadir casas e eventualmente ferir ou matar inocentes.

O Judiciário também não cumpre seu papel. O acesso à justiça é limitado a pequena parcela da população. A maioria ou desconhece seus direitos, ou, se os conhece, não tem condições de os fazer valer. Os poucos que dão queixa à polícia têm que enfrentar depois os custos e a demora do processo judicial. Os custos dos serviços de um bom advogado estão além da capacidade da grande maioria da população. Apesar de ser dever constitucional do Estado prestar assistência jurídica gratuita aos pobres, os defensores públicos são em número insuficiente para atender à demanda. Uma vez instaurado o processo, há o problema da demora. Os tribunais estão sempre sobrecarregados de processos, tanto nas varas cíveis como nas criminais. Uma causa leva anos para ser decidida. O único setor do Judiciário que funciona um pouco melhor é o da justiça do trabalho. No entanto, essa justiça só funciona para os trabalhadores do mercado formal, possuidores de carteira de trabalho. Os outros, que são cada vez mais numerosos, ficam excluídos. Entende-se, então, a descrença da população na justiça e o sentimento de que ela funciona apenas para os ricos, ou antes, de que ela não funciona, pois os ricos não são punidos e os pobres não são protegidos.

A parcela da população que pode contar com a proteção da lei é pequena, mesmo nos grandes centros. Do ponto de vista da garantia dos direitos civis, os cidadãos brasileiros podem ser divididos em classes. Há os de primeira classe, os privilegiados, os "doutores", que estão acima da lei, que sempre conseguem defender seus interesses pelo poder do dinheiro e do prestígio social. Os "doutores" são invariavelmente brancos, ricos, bem-vestidos, com formação universitária. São empresários, banqueiros, grandes proprietários rurais e urbanos, políticos, profissionais liberais, altos funcionários. Frequentemente, mantêm vínculos importantes nos negócios, no governo, no próprio Judiciário. Esses vínculos permitem que a lei só funcione em seu benefício. Em um cálculo aproximado, poderiam ser considerados "doutores" os 8% das famílias que, segundo a Pesquisa Nacional por Amostra de Domicílios (Pnad) de 1996, recebiam mais de 20 salários mínimos. Para eles, as leis ou não existem, ou podem ser dobradas.

Ao lado dessa elite privilegiada, existe uma grande massa de "cidadãos simples", de segunda classe, que estão sujeitos aos rigores e benefícios da lei. São a classe média modesta, os trabalhadores assalariados com carteira de trabalho assinada, os pequenos funcionários, os pequenos proprietários urbanos e rurais. Podem ser brancos, pardos ou negros, têm educação fundamental completa e o segundo grau, em parte ou todo. Essas pessoas nem sempre têm noção exata de seus direitos, e quando a têm carecem dos meios necessários para os fazer valer, como o acesso aos órgãos e autoridades competentes, e os recursos para custear demandas judiciais. Frequentemente, ficam à mercê da polícia e de outros agentes da lei que definem na prática que direitos serão ou não respeitados. Os "cidadãos simples" poderiam ser localizados nos 63% das famílias que recebem entre acima de dois a 20 salários mínimos. Para eles, existem os códigos civil e penal, mas aplicados de maneira parcial e incerta.

Finalmente, há os "elementos" do jargão policial, cidadãos de terceira classe. São a grande população marginal das grandes cidades, trabalhadores urbanos e rurais sem carteira assinada, posseiros, empregadas domésticas, biscateiros, camelôs, menores abandonados, mendigos. São quase invariavelmente pardos ou negros, analfabetos ou com educação fundamental incompleta. Esses "elementos" são parte da comunidade política nacional apenas nominalmente. Na prática, ignoram seus direitos civis ou os têm sistematicamente desrespeitados por outros cidadãos, pelo governo, pela polícia. Não se sentem protegidos pela sociedade e pelas leis. Receiam o contato com agentes da lei, pois a experiência lhes ensinou que ele quase sempre resulta em prejuízo próprio. Alguns optam abertamente pelo desafio à lei e pela criminalidade. Para quantificá-los, os "elementos" estariam entre os 23% de famílias que recebem até dois salários mínimos. Para eles vale apenas o Código Penal.

Conclusão: A cidadania na encruzilhada

Percorremos um longo caminho, 178 anos de história do esforço para construir o cidadão brasileiro. Chegamos ao final da jornada com a sensação desconfortável de incompletude. Os progressos feitos são inegáveis, mas foram lentos e não escondem o longo caminho que ainda falta percorrer. O triunfalismo exibido nas celebrações oficiais dos 500 anos da conquista da terra pelos portugueses não consegue ocultar o drama dos milhões de pobres, de desempregados, de analfabetos e semianalfabetos, de vítimas da violência particular e oficial. Não há indícios de saudosismo em relação à ditadura militar, mas perdeu-se a crença de que a democracia política resolveria com rapidez os problemas da pobreza e da desigualdade.

Uma das razões para nossas dificuldades pode ter a ver com a natureza do percurso que descrevemos. A cronologia e a lógica da sequência descrita por Marshall foram invertidas no Brasil. Aqui, primeiro vieram os direitos sociais, implantados em período de supressão dos direitos políticos e de redução dos direitos civis por um ditador que se tornou popular. Depois vieram os direitos políticos, de maneira também bizarra. A maior expansão do direito do voto deu-se em outro período ditatorial, em que os órgãos de representação política foram transformados em peça decorativa do regime. Finalmente, ainda hoje muitos direitos civis, a base da sequência de Marshall, continuam inacessíveis à maioria da população. A pirâmide dos direitos foi colocada de cabeça para baixo.

Na sequência inglesa, havia uma lógica que reforçava a convicção democrática. As liberdades civis vieram primeiro, garantidas por um Judiciário cada vez mais independente do Executivo. Com base no exercício das liberdades, expandiram-se os direitos políticos consolidados pelos partidos e pelo Legislativo. Finalmente, pela ação dos partidos e do Congresso, votaram-se os direitos sociais, postos em prática pelo Executivo. A base de tudo eram as liberdades civis. A participação política era destinada em boa parte a garantir essas liberdades. Os direitos sociais eram os menos óbvios e até certo ponto considerados incompatíveis com os direitos civis e políticos. A proteção do Estado a certas pessoas parecia uma quebra da igualdade de todos perante a lei, uma interferência na liberdade de trabalho e na livre competição. Além disso, o auxílio do Estado era visto como restrição à liberdade individual do beneficiado, e como tal lhe retirava a condição de independência requerida de quem deveria ter o direito de voto. Por essa razão, privaram-se, no início, os assistidos pelo Estado do direito do voto. Nos Estados Unidos, até mesmo sindicatos operários se opuseram à legislação social, considerada humilhante para o cidadão. Só mais tarde esses direitos passaram a ser considerados compatíveis com os outros direitos, e o cidadão pleno passou a ser aquele que gozava de todos os direitos, civis, políticos e sociais.

Seria tolo achar que só há um caminho para a cidadania. A história mostra que não é assim. Dentro da própria Europa houve percursos distintos, como demonstram os casos da Inglaterra, da França e da Alemanha. Mas é razoável supor que caminhos diferentes afetem o produto final, afetem o tipo de cidadão e, portanto, de democracia que se gera. Isto é particularmente verdadeiro quando a inversão da sequência é completa, quando os direitos sociais passam a ser a base da pirâmide. Quais podem ser as consequências, sobretudo para o problema da eficácia da democracia?

Uma consequência importante é a excessiva valorização do Poder Executivo. Se os direitos sociais foram implantados em períodos ditatoriais, em que o Legislativo ou estava fechado ou era apenas decorativo, cria-se a imagem, para o grosso da população, da centralidade do Executivo. O governo aparece como o ramo mais importante do poder, aquele do qual vale a pena aproximar-se. A fascinação com um Executivo forte está sempre presente, e foi ela sem dúvida uma das razões da vitória do presidencialismo sobre o parlamentarismo, no plebiscito de 1993. Essa orientação para o Executivo reforça longa tradição portuguesa, ou ibérica, patrimonialismo. O Estado é sempre visto como todo-poderoso, na pior hipótese como repressor e cobrador de impostos; na melhor, como um distribuidor paternalista de empregos e favores. A ação política nessa visão é sobretudo orientada para a negociação direta com o governo, sem passar pela mediação da representação. Como vimos, até mesmo uma parcela do movimento operário na Primeira República orientou-se nessa direção; parcela ainda maior adaptou-se a ela na década de 30. Essa cultura orientada mais para o Estado do que para a representação é o que chamamos de "estadania", em contraste com a cidadania.

Ligada à preferência pelo Executivo está a busca por um messias político, por um salvador da pátria. Como a experiência de governo democrático tem sido curta e os problemas sociais têm persistido e mesmo se agravado, cresce também a impaciência popular com o funcionamento geralmente mais lento do mecanismo democrático de decisão. Daí a busca de soluções mais rápidas por meio de lideranças carismáticas e messiânicas. Pelo menos três dos cinco presidentes eleitos pelo voto popular após 1945, Getúlio Vargas, Jânio Quadros e Fernando Collor, possuíam traços messiânicos. Sintomaticamente, nenhum deles terminou o mandato, em boa parte por não se conformarem com as regras do governo representativo, sobretudo com o papel do Congresso.

A contrapartida da valorização do Executivo é a desvalorização do Legislativo e de seus titulares, deputados e senadores. As eleições legislativas sempre despertam menor interesse do que as do Executivo. A campanha pelas eleições diretas referia-se à escolha do presidente da República, o chefe do Executivo. Dificilmente haveria movimento semelhante para defender eleições legislativas. Nunca houve no Brasil reação popular contra fechamento do Congresso. Há uma convicção abstrata da importância dos partidos e do Congresso como mecanismos de representação, convicção esta que não se reflete na avaliação concreta de sua atuação. O desprestígio generalizado dos políticos perante a população é mais acentuado quando se trata de vereadores, deputados e senadores.

Além da cultura política estatista, ou governista, a inversão favoreceu também uma visão corporativista dos interesses coletivos. Não se pode dizer que a culpa foi toda do Estado Novo. O grande êxito de Vargas indica que sua política atingiu um ponto sensível da cultura nacional. A distribuição dos benefícios sociais por cooptação sucessiva de categorias de trabalhadores para dentro do sindicalismo corporativo achou terreno fértil em que se enraizar. Os benefícios sociais não eram tratados como direitos de todos, mas como fruto da negociação de cada categoria com o governo. A sociedade passou a se organizar para garantir os direitos e os privilégios distribuídos pelo Estado. A força do corporativismo manifestou-se mesmo durante a Constituinte de 1988. Cada grupo procurou defender e aumentar seus privilégios. Apesar das críticas à CLT, as centrais sindicais dividiram-se quanto ao imposto sindical e à unicidade sindical, dois esteios do sistema montado por Vargas. Tanto o imposto como a unicidade foram mantidos. Os funcionários públicos conseguiram estabilidade no emprego. Os aposentados conseguiram o limite de um salário mínimo nas pensões, os professores conseguiram aposentadoria cinco anos mais cedo, e assim por diante. A prática política posterior à redemocratização tem revelado a força das grandes corporações de banqueiros, comerciantes, industriais, das centrais operárias, dos empregados públicos, todos lutando pela preservação de privilégios ou em busca de novos favores. Na área que nos interessa mais de perto, o corporativismo é particularmente forte na luta de juízes e promotores por melhores salários e contra o controle externo, e na resistência das polícias militares e civis a mudanças em sua organização.

A ausência de ampla organização autônoma da sociedade faz com que os interesses corporativos consigam prevalecer. A representação política não funciona para resolver os grandes problemas da maior parte da população. O papel dos legisladores reduz-se, para a maioria dos votantes, ao de intermediários de favores pessoais perante o Executivo. O eleitor vota no deputado em troca de promessas de favores pessoais; o deputado apoia o governo em troca de cargos e verbas para distribuir entre seus eleitores. Cria-se uma esquizofrenia política: os eleitores desprezam os políticos, mas continuam votando neles na esperança de benefícios pessoais.

Para muitos, o remédio estaria nas reformas políticas mencionadas, a eleitoral, a partidária, a da forma de governo. Essas reformas e outros experimentos poderiam eventualmente reduzir o problema central da ineficácia do sistema representativo. Mas para isso a frágil democracia brasileira precisa de tempo. Quanto mais tempo ela sobreviver, maior será a probabilidade de fazer as correções necessárias nos mecanismos políticos e de se consolidar. Sua consolidação nos países que são hoje considerados democráticos, incluindo a Inglaterra, exigiu um aprendizado de séculos. É possível que, apesar da desvantagem da inversão da ordem dos direitos, o exercício continuado da democracia política, embora imperfeita, permita aos poucos ampliar o gozo dos direitos civis, o que, por sua vez, poderia reforçar os direitos políticos, criando um círculo virtuoso no qual a cultura política também se modificaria.

Na corrida contra o tempo, há fatores positivos. Um deles é que a esquerda e a direita parecem hoje convictas do valor da democracia. Quase todos os militantes da esquerda armada dos anos 70 são hoje políticos adaptados aos procedimentos democráticos. Quase todos aceitam a via eleitoral de acesso ao poder. Por outro lado, a direita também, salvo poucas exceções, parece conformada com a democracia. Os militares têm se conservado dentro das leis e não há indícios de que estejam cogitando da quebra das regras do jogo. Os rumores de golpe, frequentes no período pós-45, já há algum tempo que não vêm perturbar a vida política nacional. Para isso tem contribuído o ambiente internacional, hoje totalmente desfavorável a golpes de Estado e governos autoritários. Isso não é mérito brasileiro, mas pode ajudar a desencorajar possíveis golpistas e a ganhar tempo para a democracia.

Mas o cenário internacional traz também complicações para a construção da cidadania, vindas sobretudo dos países que costumamos olhar como modelos. A queda do império soviético, o movimento de minorias nos Estados Unidos e, principalmente, a globalização da economia em ritmo acelerado provocaram, e continuam a provocar, mudanças importantes nas relações entre Estado, sociedade e nação, que eram o centro da noção e da prática da cidadania ocidental. O foco das mudanças está localizado em dois pontos: a redução do papel central do Estado como fonte de direitos e como arena de participação, e o deslocamento da nação como principal fonte de identidade coletiva. Dito de outro modo, trata-se de um desafio à instituição do Estado-nação. A redução do papel do Estado em benefício de organismos e mecanismos de controle internacionais tem impacto direto sobre os direitos políticos. Na União Europeia, os governos nacionais perdem poder e relevância diante dos órgãos políticos e burocráticos supranacionais. Os cidadãos ficam cada vez mais distantes de seus representantes reunidos em Bruxelas. Grandes decisões políticas e econômicas são tomadas fora do âmbito nacional.

Os direitos sociais também são afetados. A exigência de reduzir o déficit fiscal tem levado governos de todos os países a reformas no sistema de seguridade social. Essa redução tem resultado sistematicamente em cortes de benefícios e na descaracterização do estado de bem-estar. A competição feroz que se estabeleceu entre as empresas também contribuiu para a exigência de redução de gastos via poupança de mão de obra, gerando um desemprego estrutural difícil de eliminar. Isso por sua vez, no caso da Europa, leva a pressões contra a presença de imigrantes africanos e asiáticos e contra a extensão a eles de direitos civis, políticos e sociais. O pensamento liberal renovado volta a insistir na importância do mercado como mecanismo autorregulador da vida econômica e social e, como consequência, na redução do papel do Estado. Para esse pensamento, o intervencionismo estatal foi um parêntese infeliz na história iniciado em 1929, em decorrência da crise das bolsas, e terminado em 1989 após a queda do Muro de Berlim. Nessa visão, o cidadão se torna cada vez mais um consumidor, afastado de preocupações com a política e com os problemas coletivos. Os movimentos de minorias nos Estados Unidos contribuíram, por sua vez, para minar a identidade nacional ao colocarem ênfase em identidades culturais baseadas em gênero, etnia, opções sexuais etc. Assim como há enfraquecimento do poder do Estado, há fragmentação da identidade nacional. O Estado-nação se vê desafiado dos dois lados.

Diante dessas mudanças, países como o Brasil se veem diante de uma ironia. Tendo corrido atrás de uma noção e uma prática de cidadania geradas no Ocidente, e tendo conseguido alguns êxitos em sua busca, veem-se diante de um cenário internacional que desafia essa noção e essa prática. Gera-se um sentimento de perplexidade e frustração. A pergunta a se fazer, então, é como enfrentar o novo desafio.

As mudanças ainda não atingiram o país com a força verificada na Europa e, sobretudo, nos Estados Unidos. Não seria sensato reduzir o tradicional papel do Estado da maneira radical proposta pelo liberalismo redivivo. Primeiro, por causa da longa tradição de estatismo, difícil de reverter de um dia para outro. Depois, pelo fato de que há ainda entre nós muito espaço para o aperfeiçoamento dos mecanismos institucionais de representação. Mas alguns aspectos das mudanças seriam benéficos. O principal é a ênfase na organização da sociedade. A inversão da sequência dos direitos reforçou entre nós a supremacia do Estado. Se há algo importante a fazer em termos de consolidação democrática, é reforçar a organização da sociedade para dar embasamento social ao político, isto é, para democratizar o poder. A organização da sociedade não precisa e não deve ser feita contra o Estado em si. Ela deve ser feita contra o Estado clientelista, corporativo, colonizado.

Experiências recentes sugerem otimismo ao apontarem na direção da colaboração entre sociedade e Estado que não fogem totalmente à tradição, mas a reorientam na direção sugerida. A primeira tem origem na sociedade. Trata-se do surgimento das organizações não governamentais que, sem serem parte do governo, desenvolvem atividades de interesse público. Essas organizações se multiplicaram a partir dos anos finais da ditadura, substituindo aos poucos os movimentos sociais urbanos. De início muito hostis ao governo e dependentes de apoio financeiro externo, dele se aproximaram após a queda da ditadura e expandiram as fontes internas de recursos. Da colaboração entre elas e os governos municipais, estaduais e federal, têm resultado experiências inovadoras no encaminhamento e na solução de problemas sociais, sobretudo nas áreas de educação e direitos civis. Essa aproximação não contém o vício da "estadania" e as limitações do corporativismo porque democratiza o Estado. A outra mudança tem origem do lado do governo, sobretudo dos executivos municipais dirigidos pelo Partido dos Trabalhadores. Muitas prefeituras experimentam formas alternativas de envolvimento da população na formulação e execução de políticas públicas, sobretudo no que tange ao orçamento e às obras públicas. A parceria aqui se dá com associações de moradores e com organizações não governamentais. Essa aproximação não tem os vícios do paternalismo e do clientelismo porque mobiliza o cidadão. E o faz no nível local, onde a participação sempre foi mais frágil, apesar de ser aí que ela é mais relevante para a vida da maioria das pessoas.

Mas há também sintomas perturbadores oriundos das mudanças trazidas pelo renascimento liberal. Não me refiro à defesa da redução do papel do Estado, mas ao desenvolvimento da cultura do consumo entre a população, inclusive a mais excluída. Exemplo do fenômeno foi a invasão pacífica de um *shopping center* de classe média no Rio de Janeiro por um grupo de sem-teto. A invasão teve o mérito de denunciar de maneira dramática os dois brasis, o dos ricos e o dos pobres. Os ricos se misturavam com os turistas estrangeiros, mas estavam a léguas de distância de seus patrícios pobres. Mas ela também revelou a perversidade do consumismo. Os sem-teto reivindicavam o direito de consumir. Não queriam ser cidadãos, mas consumidores. Ou melhor, a cidadania que reivindicavam era a do direito ao consumo, era a cidadania pregada pelos novos liberais. Se o direito de comprar um telefone celular, um tênis, um relógio da moda consegue silenciar ou prevenir entre os excluídos a militância política, o tradicional direito político, as perspectivas de avanço democrático se veem diminuídas.

As duas experiências favorecem, a cultura do consumo dificulta o desatamento do nó que torna tão lenta a marcha da cidadania entre nós, qual seja, a incapacidade do sistema representativo de produzir resultados que impliquem a redução da desigualdade e o fim da divisão dos brasileiros em castas separadas pela educação, pela renda, pela cor. José Bonifácio afirmou, em representação enviada à Assembleia

Constituinte de 1823, que a escravidão era um câncer que corroía nossa vida cívica e impedia a construção da nação. A desigualdade é a escravidão de hoje, o novo câncer que impede a constituição de uma sociedade democrática. A escravidão foi abolida 65 anos após a advertência de José Bonifácio. A precária democracia de hoje não sobreviveria a espera tão longa para extirpar o câncer da desigualdade.

**Posfácio à 18ª edição (2014)
Cidadania 12 anos depois:
Ainda frágil apesar dos avanços**

A primeira edição deste livro é de 2001, foi mais de uma década. No ritmo cada vez mais acelerado de mudança que marca a história recente do país e do mundo, uma dúzia de anos é o bastante para exigir atualização do texto. O percurso da cidadania entre nós sofreu inflexões importantes que exigem registro e análise. Por seu caráter inesperado, por sua dimensão e por ainda apresentarem dificuldades de interpretação, os eventos de junho de 2013 foram tratados em seção à parte, no prefácio.

Colocando-se o observador no final de 2012, poderia ele dizer que o humor nacional era então muito melhor do que o que predominava em 2001. As razões para isso estavam, sobretudo, no avanço nos direitos sociais evidenciado pela redução da pobreza e da desigualdade, mais daquela que desta, e pelo alto nível de emprego. Da redução resultou aumento da mobilidade ascendente que, por sua vez, gerou alterações importantes na estratificação social, cujas consequências ainda não estão claras. Pelo lado político, a sensação de melhoria veio da vitória da oposição em 2002, seguida de transmissão de poder tranquila e civilizada. A normalidade das duas eleições presidenciais seguintes foi outro passo importante na rotinização democrática. Em 2012, a condenação dos réus do processo conhecido como mensalão foi um marco na história da justiça, tradicionalmente leniente com os ricos e poderosos. No campo dos direitos civis, a atuação do Ministério Público contribuiu para a redução da impunidade; e o uso mais frequente de instrumentos jurídicos previstos na Constituição de 1988, como o da ação popular, ampliou a garantia de direitos. Na economia, graças ao saneamento financeiro possibilitado pelo Plano Real e a uma conjuntura internacional favorável às exportações, o país pode crescer e resistir relativamente bem ao impacto da crise internacional iniciada nos Estados Unidos em 2008.

No entanto, as nuvens ainda pairavam no horizonte. O avanço social produzira maior redução da pobreza do que da desigualdade, ainda uma das maiores do mundo. Um dos fatores decisivos na promoção sustentada da ascensão social — a melhoria da educação fundamental e a expansão do ensino médio — ainda deixava muito a desejar. O avanço político, por seu lado, fora tisnado pela sucessão de escândalos e pelo consequente aumento da desmoralização dos políticos e das instituições, sobretudo do Congresso. Os direitos civis dos cidadãos, sobretudo dos que se achavam na base da pirâmide social, ainda eram precariamente protegidos em decorrência da inadequação das leis, da ineficiência e corrupção do sistema policial e da morosidade do Judiciário. Na economia, a crise de 2008 deu margem a maior intervencionismo governamental, ênfase no consumo, perda de competitividade das empresas, falta de investimentos produtivos, baixo crescimento do PIB e tendência altista da inflação. Por estas razões, ao final do período, a boa imagem externa do país já vinha sendo corroída perante a opinião internacional.

Visto o quadro geral, passo a uma avaliação mais miúda, seguindo os marcos estabelecidos para a análise de nossa longa e difícil jornada em direção a uma república democrática.

A CIDADANIA POLÍTICA

A eleição de Luís Inácio Lula da Silva em 2002, após três tentativas fracassadas, representou um orgasmo cívico nacional. A resistência ao candidato nas três eleições anteriores, vinda de setores conservadores e liberais e do grande negócio nacional e internacional, foi habilmente neutralizada pela Carta aos Brasileiros, em que o candidato se comprometeu a respeitar as instituições, os tratados internacionais e a política econômica vigente. O restante da vitória ficou por conta da difícil situação econômica do país, responsável pela baixa avaliação do governo, que se refletia em seu candidato, e do carisma do candidato oposicionista, de sua extraordinária capacidade de comunicação com as camadas populares. A transmissão de poder de um presidente eleito pelo voto popular a outro de igual investidura, a primeira desde 1960, retomou o processo de democratização inaugurado em 1945 e interrompido em 1964.

Do ponto de vista da cidadania política, não houve na década mudanças importantes no campo da lei e das instituições. Na prática, o eleitorado cresceu pouco, passando de 68% da população em 2002 para 71% em 2010, batendo praticamente no teto permitido pelos dispositivos constitucionais. Os movimentos sociais não se fizeram presentes de maneira significativa, à exceção do MST, que alternou momentos de intensa atividade com outros de tréguas e terminou a primeira década do século em franca decadência. O próprio governo reconheceu o fracasso do modelo de distribuição de terra adotado quando o secretário-geral da Presidência falou na criação de favelas rurais. Referia-se ao fato de que metade dos quase 1 milhão de assentados recebia alguma forma de assistência pública, e 36% dos assentados recebiam o Bolsa Família, evidência da incapacidade de autossustentação dos assentamentos.

Os sindicatos operários, certamente pelo fato de ter sido a presidência ocupada durante oito anos por um antigo líder sindical, adquiriram certa influência, só vista antes durante o governo de João Goulart (1961-1964). Pela proximidade do governo, e também em decorrência das condições favoráveis da economia internacional, mantiveram-se em relativa tranquilidade, recorrendo raramente a greves. As organizações privadas sem fins lucrativos tiveram grande incremento. Em 2010, segundo dados do IBGE/Ipea, elas somavam 290 mil e empregavam 2,1 milhões de pessoas. Cerca de 42 mil dedicavam-se ao desenvolvimento e defesa de direitos e 54 mil à implementação de políticas sociais governamentais. É difícil avaliar o efeito real da atividade dessas organizações. Uma das mudanças havidas, sobretudo nas ONGs, foi a substituição do apoio externo, forte durante o período ditatorial, pela dependência, bem brasileira, de verbas governamentais. O certo é que, ao lado das que se dedicam honestamente à ação social, muitas não passam de instrumentos de manipulação eleitoral, quando não de desvio de verbas públicas.

Algumas inovações da Constituição de 1988, no entanto, continuaram a criar raízes, florescer e produzir frutos no campo da representação política. Refiro-me às ações diretas de inconstitucionalidade (Adins), à ação popular e à ação civil pública. Esses institutos abriram vasto campo de ação cívica a indivíduos, associações e sindicatos interessados na defesa e ampliação de direitos. A eficácia desses instrumentos aumentou significativamente graças ao fortalecimento do Ministério Público, também operado pela Constituição, na defesa da ordem jurídica e dos direitos coletivos e individuais, sobretudo via ações civis públicas. Tais instrumentos têm permitido grande expansão da atividade cidadã, inclusive contra medidas governamentais. O impacto dessa mudança foi suficientemente forte para dar origem a acusações de judicialização da política, isto é, de transformação do Judiciário, aí incluído o Ministério Público, em mecanismo de representação em prejuízo do Poder Legislativo. É bem verdade que alguns membros do Ministério Público agiram por vezes com arrogância, baseados na fantasiosa autoimagem de serem a vanguarda do povo. No entanto, o fato de assim terem procedido, e ainda procederem, é em si consequência do vácuo representativo criado pela incapacidade do Poder Legislativo de cumprir satisfatoriamente suas funções e de gerar credibilidade perante os cidadãos. E mesmo que haja superposição representativa, nada indica que isso seja prejudicial à democracia política. O modelo de representação até hoje vigente está em crise em todo o mundo ocidental e novos mecanismos de interferência dos cidadãos na vida pública estão sendo, e serão cada vez mais, inevitavelmente experimentados.

Outro instituto jurídico, criado em 2000, revelou-se um importante avanço no aperfeiçoamento da administração pública e, portanto, na defesa dos direitos dos cidadãos pagadores de impostos. Trata-se da Lei Complementar de Responsabilidade Fiscal de 2000. Graças a este dispositivo legal, os administradores públicos, em todos os níveis de governo, ficaram obrigados a seguir regras estritas de gestão num esforço de buscar o equilíbrio nas contas públicas, evitando desperdícios, dilapidação e, no limite, práticas criminosas. Esta lei foi complementada por outra de 2009, chamada Lei da Transparência, que exige dos gestores públicos a criação de portais de transparência que permitam aos cidadãos o acompanhamento imediato do exercício orçamentário e financeiro dos governos. Graças a esta última lei e à atuação da imprensa, muitos abusos e irregularidades têm sido expostos, permitindo aos cidadãos exercerem maior vigilância sobre o montante e o destino dos gastos públicos, inclusive sobre os salários dos funcionários.

Merece ainda registro especial, por sua origem e pelos resultados já conseguidos, a Lei Complementar da Ficha Limpa, de 2010. Sua origem veio de autêntica mobilização da sociedade civil, iniciada em 1997, contra a corrupção eleitoral. Em 2010, criou-se o Movimento de Combate à Corrupção Eleitoral que colheu em todo o país 1,3 milhão de assinaturas encaminhadas à Câmara dos Deputados em apoio ao projeto de lei, com forte campanha nas redes sociais. Constrangidos, Câmara e Senado aprovaram o projeto em 2010. Reações de políticos, inclusive ações na Justiça, fizeram com que a aplicação da lei fosse adiada para 2012. Trata-se, sem dúvida, de iniciativa que, dependendo do rigor de sua aplicação pelo Superior Tribunal Eleitoral, e da pressão constante da opinião pública que a exigiu, pode melhorar a qualidade da representação e outras práticas políticas.

A melhoria se faz necessária porque a avaliação negativa dessas práticas e de seus agentes persistiu e mesmo se agravou na última década. O descrédito público, alimentado por persistentes denúncias veiculadas na mídia impressa, na televisão e, cada vez mais, nas redes sociais, tem atingido os três poderes da República, sobretudo o Congresso, e envolvido os políticos em geral. Pesquisa da ONG Transparência Internacional de 2013 mostrou que 81% dos brasileiros consideravam os partidos corruptos, 72% tinham a mesma opinião sobre o Congresso, 70% sobre a polícia e 50% sobre o Judiciário. As melhores imagens no que se refere à corrupção eram a da Igreja (31%) e a dos militares (30%). Estes resultados se repetem sistematicamente em todas as pesquisas de opinião pública. Para citar apenas mais uma, a do Fórum Brasileiro de Segurança Pública, de 2013, mostra que 95%, dos entrevistados não confiavam nos partidos, 81% no Congresso e 70% na polícia.

Corrupção não é coisa nova entre nós, sempre existiu de um modo ou de outro. Contra ela se tem reclamado desde que o Brasil é Brasil. É difícil dizer se ela tem aumentado ou diminuído. Aumentaram, sem dúvida, as oportunidades de corrupção ativa e passiva por ter crescido o tamanho do Estado, cujos recursos em empregos, dinheiro, contratos, privilégios são o principal alvo dos malfeitores. É também possível localizar no período militar parcela da responsabilidade. Boa parte dos políticos de hoje se formou durante aqueles anos, quando a impunidade era generalizada em decorrência do bloqueio da oposição política e do amordaçamento da opinião pública pelo controle da imprensa. O que certamente cresceu foi a reação pública contra os desvios de conduta dos políticos, fato que, acoplado à liberdade de imprensa e ao aumento da escolaridade, pode ter tornado a corrupção mais visível.

O caso mais notório de corrupção na esfera política foi sem dúvida aquele denunciado em 2005 e que ficou conhecido como mensalão, nome dado pelo denunciante, o então deputado pelo PTB e presidente do partido, Roberto Jefferson, para significar pagamentos mensais a deputados desde 2003 para compra de apoio parlamentar ao governo. Entre os denunciados estavam os principais dirigentes do PT, como seu presidente, José Genoino, o secretário-geral Sílvio Pereira e o tesoureiro Delúbio Soares, além do chefe da Casa Civil, José Dirceu, políticos de outros partidos e o operador financeiro do esquema, Marcos Valério. As várias acusações feitas foram tipificadas pela Procuradoria-Geral da República como corrupção ativa e passiva, gestão fraudulenta, formação de quadrilha, peculato, lavagem de dinheiro e evasão de divisas. Depois de muitas idas e vindas, o processo contra os acusados só chegou ao Supremo Tribunal Federal em agosto de 2012, sete anos depois.

O ano de 2012 foi politicamente marcado por esse julgamento, conhecido tecnicamente como Ação Penal 470. Foram quatro meses de debates no STF, de 2 de agosto a 17 de dezembro, num total de 53 sessões transmitidas ao vivo e acompanhadas pelo público, com interesse nunca antes visto em nossa história política. No total de 38 réus, 12 foram absolvidos, um foi desvinculado do julgamento e 25 condenados a penas de prisão que variavam de 40 anos a 2 anos e a multas entre 2,7 milhões de reais e 28,6 mil. Julgados os recursos e embargos, os primeiros mandados de prisão foram expedidos em 15 de novembro de 2013. Descontados os protestos dos membros do PT, houve ampla aprovação da opinião pública às sentenças condenatórias. O relator do processo, ministro Joaquim Barbosa, transformou-se em herói cívico, com direito a virar máscara de foliões no carnaval de 2013.

A condenação foi um marco em nossa história jurídica. Quebrou o tradicional viés da justiça em favor de grupos privilegiados e mostrou, pela primeira vez, à população que a igualdade de todos perante a lei, consagrada na Constituição, começava a ser posta em prática. Do ponto de vista institucional, o julgamento conferiu maior credibilidade ao Judiciário e ao Ministério Público. Mantidas a firmeza e a coerência do STF no julgamento de processos assemelhados, nossa prática política poderá atingir um patamar superior no que se refere à incorporação de valores republicanos.

Quem sofreu grande dano foi o Partido dos Trabalhadores, uma vez que, quando na oposição, sempre se apresentava como guardião da moralidade pública. Sua imagem sofreu forte desgaste. O partido passou a ser percebido, do ponto de vista da moralidade pública, como apenas mais um entre os outros, reforçando-se assim a percepção negativa de partidos e políticos pela população. O presidente Luís Inácio Lula da Silva teve atitude vacilante. Quando da revelação do escândalo, pediu desculpas à população dizendo-se traído por seus auxiliares. Sua imagem, no entanto, após um baque temporário, recuperou-se a partir de 2008. Ao final de seu governo, em 2010, passou a negar a própria existência do mensalão.

OS DIREITOS SOCIAIS

Há consenso em que a marca principal dos últimos doze anos sob governo petista foi a expansão da inclusão social, ou, nos termos que venho usando, dos direitos sociais. Iniciada no governo anterior com programas como a Comunidade Solidária e o Bolsa Escola, a política social expandiu-se e diversificou-se de maneira pronunciada. Aponto a seguir algumas das principais iniciativas e resultados nesta área.

A de maior alcance e visibilidade é, sem dúvida, o Programa Bolsa Família (PBF), criado em 2004. Trata-se de transferência direta de renda para os pobres. O programa agregou três outros do governo anterior, o Bolsa Escola, o Auxílio Gás e o Cartão Alimentação, e centralizou a administração deles no Ministério do Desenvolvimento Social e Combate à Fome (MDS). Teve como alvo principal a população pobre (de renda domiciliar entre R$ 70 e R$ 140) e a extremamente pobre (renda de R$ 70 por mês *per capita*). O valor da transferência passou a depender de vários fatores, como renda e número de filhos. Foram mantidas as condicionalidades anteriores, como a obrigação de colocar os filhos na escola, vacinação, controle pré-natal.

Em 2006, dois anos após sua criação, o programa cobria 11 milhões de famílias, num total aproximado de 45 milhões de pessoas. Em 2013, as famílias somavam 13,8 milhões, ou cerca de 50 milhões de pessoas, 26% da população do país. As críticas têm girado em torno do afrouxamento das condicionalidades, sobretudo da obrigação de colocar os filhos na escola, das fraudes, da falta de política clara de saída do programa, do caráter paternalista. Alguns dos problemas apontados têm sido enfrentados, sobretudo no que se refere à cobrança das condicionalidades e às fraudes. A crítica mais radical é que o programa é um paliativo, e não a solução; ajuda as pessoas, mas não as capacita a se autoajudarem, não cria mecanismos de saída, gera vínculos permanentes de dependência de número cada vez maior de pessoas. Mas não há evidência suficiente sobre a criação de dependência, e é preciso reconhecer os benefícios reais trazidos para milhões de famílias pobres e miseráveis que passaram a se alimentar melhor, morar melhor e ter melhor assistência médica. O programa pede o aperfeiçoamento, não a extinção.

Considerando tratar-se de programa de governo, era inevitável que o Bolsa Família rendesse frutos eleitorais, e eles rapidamente se fizeram notar. A segunda eleição de Luís Inácio Lula da Silva, em 2006, e a eleição de Dilma Rousseff, em 2010, mostraram clara tendência de deslocamento do apoio aos dois candidatos para as camadas mais pobres da população. Especificamente no caso da eleição de 2010, houve forte correlação entre os votos para a vencedora e a porcentagem de famílias beneficiadas pelo programa em cada estado. O exemplo mais contundente é o do Maranhão, onde 54% das famílias recebiam o benefício, maior porcentagem do país, e a candidata recebeu 70,6% dos votos, sua maior vitória. O risco para a democracia é que tão bons dividendos encorajem o aumento constante do programa e desencorajem os esforços de criar mecanismos de saída. Ele se tornaria, como em parte já é, imensa máquina clientelista.

Política social menos controvertida é a da expansão do ensino universitário. No ensino superior, em 2000, estavam matriculados na graduação 2,7 milhões de pessoas, 67% dos quais em universidades particulares. Em 2011, esse número tinha subido para 6,7 milhões, respondendo as particulares por 74%. Um dos fatores do aumento foi o Programa Universidade para todos (Prouni), introduzido em 2005. Consiste ele na distribuição de bolsas integrais ou parciais a alunos aprovados no Exame Nacional do Ensino Médio (Enem), cuja renda familiar esteja entre 1½ e 3 salários mínimos, para se inscreverem em universidades privadas. Em 2005, houve 422.531 inscritos, em 2012 o número cresceu para 1.665.371. Entre essas duas datas, foi distribuído mais de 1 milhão de bolsas. A crítica aqui, vinda sobretudo de entidades estudantis, é que o Prouni reforça o ensino privado em vez de ampliar o número das instituições públicas. Os resultados, no entanto, são seguramente positivos. Mais polêmica foi a introdução de cotas raciais na seleção de alunos para as universidades públicas. A questão da constitucionalidade dessa política, levantada por muitos críticos, foi decidida positivamente em 2012 pelo Supremo Tribunal Federal. Ainda serão necessárias pesquisas sobre os efeitos dessa política para se fazer dela um juízo mais seguro.

Dito isso, é preciso acrescentar que permanecem problemas sérios no campo educacional. Dados da Pesquisa Nacional por Amostra de Domicílios (Pnad) para 2011 mostram que a universalização da escolarização entre 6 e 14 anos, atingida na década de 1990, não chegou à pré-escola (4 ou 5 anos) e ao ensino médio (15 a 17 anos). No primeiro caso, apenas 77% das crianças estão na escola; no segundo estão na mesma situação 84% dos adolescentes. Isso revela que em 2010 havia 3,8 milhões de crianças e adolescentes (6 a 17 anos) fora da escola. Deve-se ainda acrescentar que, segundo o censo de 2010, a taxa de analfabetismo na população de 15 anos ou mais ainda era de 9,6% da população, equivalente a 13,9 milhões de pessoas. A baixa taxa de escolaridade (7,2 anos), a mesma do Zimbábue, é a principal responsável pela baixa colocação do país no Índice de Desenvolvimento Humano (IDH), ajustado pela desigualdade, calculado pelo Programa das Nações Unidas para o Desenvolvimento (Pnud) para 2013. O Brasil aparece aí com índice de 0,531, na 97ª posição, abaixo da média latino-americana. À deficiência quantitativa deve-se acrescentar a baixa qualidade do ensino fundamental e médio. O desempenho do Brasil nesse item chega a ser constrangedor. Dados do Programa Internacional de Avaliação de Alunos (Pisa) para 2010 mostravam o Brasil na 58ª posição no universo de 65 países, a léguas de distância da China, que ocupava a primeira posição.

Além da grande redução da pobreza, houve pequena diminuição da desigualdade. O índice de Gini, que é sua medida (quanto mais alto, mais desigual o país) caiu de 0,6 em 1995 para 0,5 em 2013. O crescimento da renda dos 10% de brasileiros mais ricos entre 2001 a 2009 foi de 1,5% ao ano, ao passo que o da renda dos 10% mais pobres foi de 6,8% ao ano. A tendência é positiva. Mas o caminho à frente ainda é longo. O Brasil ocupa posição vergonhosa no cenário mundial no que se refere à desigualdade: é o 13º pior país neste quesito, segundo dados do Pnud. Informações divulgadas pela ONU-Habitat para 2012 indicam que o país é o quarto mais desigual entre 18 países da América Latina, atrás da Bolívia e do Paraguai. Isto significa que é um dos piores entre os piores, uma vez que o país mais bem colocado da região, a Venezuela, é mais desigual do que Portugal, o pior na escala da zona do euro.

A substancial redução da pobreza, o declínio, embora mais modesto, da desigualdade e o aumento médio do salário mínimo de cerca de 60% entre 2000 e 2013 tiveram como consequência a alteração da estrutura social. O fenômeno tem sido comum a muitos países e ficou conhecido entre nós como o surgimento de nova classe média, chamada de classe C. Sem entrar na disputa semântica sobre o uso, seguramente impróprio, do conceito de classe social neste caso, o fato é que milhões de brasileiros aumentaram seu poder de compra nos últimos 15 anos. Cerca de 40 milhões entraram na faixa de renda entre R$ 1.200 e R$ 5.174, elevando o tamanho dessa nova camada social a mais de 100 milhões de pessoas. Caso o aumento de renda e, portanto, do poder de compra se sustente, e há dúvidas sobre isso, o fenômeno pode provocar mudanças de hábitos, de expectativas e de valores. Algumas já foram detectadas por pesquisas. O aumento do poder de compra, acoplado à expansão de vagas no ensino superior, está produzindo nova geração de filhos da classe C com diploma universitário. Essa geração tem valores e atitudes diferentes dos pais, são mais informados e mais críticos em relação a práticas governamentais, ao excesso de impostos, à malversação de dinheiro público, à corrupção. O crescimento dessa nova camada social tem levado, ainda, a maior grau de exigência em relação a serviços públicos, como saúde, educação, segurança.

DIREITOS CIVIS

O que mudou pouco na última década foi a proteção aos direitos civis. Lentidão e ineficiência continuam sendo a marca do sistema judiciário. Um exemplo basta para demonstrar a afirmação. Em 2007, o governo federal definiu a meta de finalizar até 2012 pelo menos 90% dos 134.944 processos então abertos por homicídio doloso. O resultado foi que apenas 32% deles foram concluídos. Entre esses poucos, foi oferecida denúncia em 479 casos, isto é, em 3% dos casos finalizados e 0,3% do total de casos. O Brasil soluciona anualmente entre 5% e 10% dos processos de homicídio. Os números para a França são 80%, para a Inglaterra, 90%. No caso de corrupção, excetuando-se o julgamento do mensalão, a regra ainda é a impunidade dos acusados graças aos infindáveis recursos e apelações processuais. A meta do Conselho Nacional de Justiça de 2012 para julgar, até o final de 2013, todos os processos relativos à corrupção entrados até 2011 chegou ao fim do prazo com apenas 54% dos casos nessa situação. A situação levou o próprio ministro-chefe da Controladoria Geral da União, Jorge Hage, a afirmar, referindo-se a crimes de corrupção no serviço público: "É quase impossível hoje ver um processo condenatório chegar ao fim."

Uma das consequências da impunidade é a persistência do alto índice de homicídios. Entre 1980 e 2010, houve aumento constante deles, com pequena redução a partir de 2004. Em 1980 eram 11,7 homicídios por 100 mil habitantes, e 26,2 em 2010. No total, mais de 1 milhão de brasileiros foram assassinados. Não por acaso, pesquisa nacional do Ipea em

2010 mostrou que 79% das pessoas tinham "muito medo" de serem vítimas de assassinato e 74% de assalto a mão armada. Ao mesmo tempo, 71% confiavam pouco ou nada na polícia militar, 70% na polícia civil e 71% na guarda civil. Em situação um pouco melhor estava a polícia federal: 51% de pessoas disseram que nela não confiavam.

Apesar do julgamento do mensalão, a desigualdade perante a lei e a falta de acesso à justiça, sobretudo por parte dos pobres, continuam sendo grandes obstáculos à constituição de uma cidadania robusta. Uma jovem empresária do Rio de Janeiro demonstrou clara percepção de como funcionam as coisas. Ao ser presa pela polícia por violação de regras de trânsito, ela declarou: "Sou rica, vou sair; rico no Brasil não fica preso, só pobre."

REPÚBLICA E DEMOCRACIA

O balanço do percurso da cidadania desde a primeira edição deste livro é positivo. Foram mantidas as práticas democráticas e houve avanço claro no que se refere aos direitos sociais em decorrência da continuação, expansão e criação de novas políticas de incorporação dos cidadãos à rede de proteção social. Apesar do muito que ainda resta a fazer, mesmo na área social, caminhou-se para a frente.

O próprio avanço levou a pôr em evidência novos problemas, ou novas dimensões de velhos problemas, como é da natureza da dinâmica histórica. Concluo este capítulo de atualização servindo-me da distinção entre república e democracia. Hoje os dois conceitos são geralmente usados de maneira intercambiável: supõe-se que democracias devem ser republicanas e repúblicas devem ser democráticas. No entanto, historicamente os dois conceitos significaram coisas distintas. Democracia sempre teve mais a ver com o povo, com as massas, com o governo dos muitos. Até a metade do século XIX, ela despertou temor e suspeita. Nem mesmo a Revolução Francesa se sentiu à vontade para abraçá-la. República, por outro lado, sobretudo em seu modelo romano, hoje chamado de republicanismo cívico, teve mais a ver com governo da lei, com boa governança, com virtude cívica. Montesquieu observou que se o valor central nas monarquias era a honra, nas repúblicas era a virtude cívica. Na ausência desses valores, monarquias e repúblicas se corrompiam.

Retomo as duas concepções, não para separá-las, mas para argumentar que implicam exigências distintas, nem sempre de fácil convivência. Para tal propósito, chamo de democracia a inclusão tanto política como social, e chamo de república o governo da lei voltado para o bem comum, eficaz e transparente. Com essas conotações, democracias podem não ser republicanas, como as democracias socialistas, e repúblicas podem não ser democráticas, como a romana não o foi. Uma das maneiras de caracterizar o momento atual vivido pelo Brasil é dizer que precisamos continuar a democratizar a república pela inclusão social, sem abandonar o esforço de republicanizar a democracia pelo governo da lei, eficaz e transparente, requisito indispensável para o fortalecimento das instituições.

Historicamente, nossa República nunca foi republicana nem democrática. Pode-se mesmo dizer, com certo exagero, que foi menos democrática quando era mais republicana e menos republicana quando mais democrática. A dificuldade em ajuntar as duas dimensões persiste. Diria que nos últimos anos avançamos mais em democracia do que em república. Isso foi bom porque nosso maior atraso residia na falta de inclusão social, de incorporação à comunidade nacional de milhões de brasileiros até então mantidos à margem. Mas não avançamos tanto — se avançamos alguma coisa — na dimensão republicana que exige atenção não apenas ao que se faz, mas também a como se faz, que exige igualdade perante a lei, transparência e respeito à coisa pública, sobretudo ao dinheiro do contribuinte. Os parágrafos anteriores mostraram exatamente isso: inclusão, de um lado; malfeitos, do outro.

É certo que nunca tivemos valores republicanos arraigados e nas constantes discussões sobre corrupção muitos argumentam que é inútil preocupar-se com eles ou que não passam de moralismo de classe média. É minha convicção, no entanto, que estamos lidando aqui com um problema mais profundo. À medida que se fortalece a opinião pública, à proporção que ela se torna mais numerosa que a opinião popular, cresce também a exigência de correção no comportamento daqueles encarregados, seja da representação política, seja da gestão governamental. O brasileiro passa a perceber com maior clareza que ser cidadão implica o custo de pagar impostos e que são seus impostos que financiam o governo. O mau uso do dinheiro público, portanto, é mau uso do imposto que o cidadão paga. Daí a maior exigência do bom governo. Na ausência de república, desmoralizam-se as instituições representativas, executivas e mesmo judiciárias. Instituições desmoralizadas inviabilizam a médio prazo a própria inclusão democrática. Para o êxito da própria democracia, é necessário que ela seja republicana, assim como a república não se sustentou, nem se sustentará, sem a democracia.

No que se refere às instituições, sobretudo as políticas, permanecem problemas apontados doze anos atrás. Uma das consequências do avanço da inclusão social mediante políticas governamentais foi agravar-se uma característica de nossa tradição política, a centralidade do Executivo, o estatismo, o paternalismo, o patrimonialismo. Tal centralidade foi ainda reforçada pela postura estatizante demonstrada nos últimos anos, manifesta nos campos econômico, financeiro e fiscal. No último caso, ressalta a grande dependência de estados e municípios em relação ao governo central. O Legislativo, supostamente a base da representação cidadã, tem exibido o triste papel de cliente do Executivo, mendigando verbas parlamentares ou, pior ainda, negociando apoio político em troca de favores do governo. Política envolve necessariamente barganhas. Porém, para que ela mereça o respeito dos cidadãos, as barganhas têm que estar submetidas a propostas e programas de políticas públicas. Não é o que se tem visto com a consequência inevitável da desmoralização das instituições representativas e de seus agentes. Se o câncer da desigualdade, que corroía nossa sociedade, está sendo combatido, o câncer da deslegitimação da representação ainda consome nossa política tornando precária nossa democracia republicana.

Na falta de representação respeitável e respeitada, o fortalecimento da república e da democracia fica dependendo sobretudo do envolvimento dos cidadãos. À primeira vista, esse envolvimento tem se limitado cada vez mais ao exercício do voto para a constituição da representação. Ora, o voto é reconhecidamente um mecanismo participativo necessário mas insuficiente, como se tem observado em quase todos os sistemas de representação existentes no mundo. Acresce-se a isso que as ruas têm praticamente desaparecido do cenário como palco de demonstrações políticas. Mas é preciso ficarmos atentos para o surgimento de novo instrumento de participação que pode adquirir grande importância. Refiro-me, naturalmente, às redes sociais. O crescimento do número de internautas tem sido vertiginoso. Em 2013, ele já passava de 100 milhões, metade da população. Por outro lado, as redes têm demonstrado sua capacidade de mobilização e de pressão sobre os poderes públicos, inclusive sobre o Congresso. Essa expansão é, em parte, fruto do aumento da renda e do poder de consumo e, mesmo que precário, da educação. Isto pode significar maior independência e maior cobrança, pode indicar o crescimento de uma opinião pública mais forte e menos sujeita a manipulação, venha ela de onde vier. As redes poderiam transformar-se em nova ágora, em novo espaço público de participação direta. A ser assim, elas poderiam contribuir para o crescimento equilibrado da democracia e da república, em um novo passo à frente na trajetória da cidadania.

Posfácio à edição comemorativa pelos vinte anos de publicação (2021)

BRASIL, QUAL FUTURO?

Oito anos são passados desde a última atualização deste livro, feita em 2013 e publicada em 2014, quando apontei as mudanças até então ocorridas na marcha dos direitos políticos, civis e sociais. Na mesma edição, tive que acrescentar um prefácio para dar conta dos surpreendentes eventos políticos que marcaram aquele ano. Hoje, ao final de 2021, pareceu-me que, tendo em vista a conjuntura política, seria mais adequado não discutir os direitos separadamente, um por um, mas tratá-los em bloco como parte de um cenário que vem desafiando a própria democracia. É o que faço neste novo posfácio à edição comemorativa de vinte anos de publicação.

Contrariando expectativas, as manifestações políticas de 2013 não tiveram fôlego suficiente para provocar mudanças significativas na política nacional. Delas não resultaram novos e fortes partidos e movimentos sociais; foram rapidamente esquecidas, ou submergiram, tendo apenas, como principal consequência, o enfraquecimento político da presidente Dilma Rousseff, que mal conseguiu reeleger-se para um segundo mandato. Impacto mais profundo teve a Operação Lava Jato, que, desde 2014, começou a denunciar, processar e condenar figuras-chave da política e do mundo dos negócios, aí incluído como réu principal o ex-presidente Luís Inácio Lula da Silva. A denúncia, condenação e prisão de figuras das elites política e financeira — sequência do que fizera, em 2012, o Mensalão (Ação Penal 470) — constituíram algo inédito em nossa vida republicana, um grande passo à frente na aplicação do princípio da igualdade perante a lei. No entanto, posteriormente, como se sabe, foram apontadas falhas na condução dos processos da Lava Jato, fato que redundou na anulação da sentença que recaiu sobre o ex-presidente, dando razão ao ditado de que, nas raras vezes em que fazemos a coisa certa, nós o fazemos de maneira errada.

A polarização causada pela Lava Jato e pelo processo de impedimento da presidente Dilma Rousseff em 2016 agravou-se dois anos mais tarde. Na véspera do julgamento pelo Supremo Tribunal Federal de um *habeas corpus* em favor do ex-presidente Lula, o general Eduardo Villas Bôas, comandante do Exército, postou nas redes sociais uma declaração destinada a pressionar o tribunal no sentido de manter a condenação. Caso fosse aceito o *habeas corpus*, o ex-presidente poderia disputar a presidência nas eleições programadas para o mesmo ano, com boas possibilidades de vitória. O general justificou mais tarde sua ação dizendo que a situação política estava no limite e poderia fugir ao controle. Foi grande a repercussão do ato. Pela primeira vez desde a redemocratização de 1985, um general da ativa, comandante da Força, fazia uma intervenção política explícita.

Os analistas, eu entre eles, achávamos que, 33 anos após a redemocratização, o risco de interferência militar na política estava afastado e que nossa democracia começava a andar com as próprias pernas, mas tivemos que admitir nosso erro de avaliação. Nossas Forças Armadas, especialmente o Exército, não se tinham profissionalizado — entendida essa expressão como a renúncia à intervenção política.

O receio de retrocesso democrático cresceu quando, beneficiado pela condenação de Lula, foi eleito presidente da República em 2018 um ex-capitão do Exército, defensor da ditadura e admirador de acusados de se terem envolvido em práticas de tortura. Não bastando, o novo presidente cercou-se de militares, quase todos do Exército, tanto em postos ministeriais e na presidência de empresas estatais quanto em posições secundárias. Cálculos aproximados indicam a presença de mais de 6 mil militares no governo. O fato em si não configurava, e ainda não configura, um governo militar, mas o comportamento do presidente falando em "meu Exército", cortejando as polícias militares e estimulando a compra de armas justifica o receio de um recurso às Forças Armadas para uma aventura ilegal.

Esse receio aumentou quando, no dia da Pátria, Sete de Setembro, o presidente agrediu abertamente membros do Supremo Tribunal Federal, ameaçando o próprio funcionamento do sistema democrático e o exercício dos direitos que viemos discutindo neste livro, especialmente os civis e políticos. No campo civil, presenciamos as explícitas ameaças à liberdade de expressão, aos juízes do Supremo Tribunal Federal e do Tribunal Superior Eleitoral. No político, houve tentativas de desmoralizar o voto eletrônico, acusado, sem provas, de ter dado margem a falsificações, com insinuações de uma possível anulação das próximas eleições, além das persistentes agressões verbais a adversários e do incentivo à atuação antidemocrática de seguidores fanáticos. Sobretudo, há ameaças, nem sempre veladas, de uma eventual intervenção apoiada por militares. Mais do que retrocesso no exercício e garantias de direitos, trata-se de clara ameaça ao sistema democrático como um todo.

Talvez a pergunta mais importante a ser feita seja: *Como chegamos aqui?* Como explicar que um político com as características do presidente tenha sido eleito em pleito livre e democrático? Que tipo de eleitor lhe deu seu voto? É certo que muitos votaram não por o apoiarem diretamente, mas para impedir a vitória do competidor. Contudo, o problema persiste, pois parcela respeitável da população aprovava, e talvez ainda aprove, as ideias e os valores do candidato. Alguns desses princípios reportam-se à ditadura implantada em 1964. Muitos dos generais de hoje, inclusive os que estão no governo, e o próprio presidente, formaram-se na Academia Militar das Agulhas Negras ainda durante esse período. No entanto, transplantar para os dias de hoje o cenário histórico de 1964 constitui um conjunto de fraudes. A maior delas é alegar perigo comunista. Não há hoje Guerra Fria, não há ameaça comunista, nem externa nem interna. O que chamam de comunismo não passa de um conjunto de mudanças culturais que se tem verificado em todo o Ocidente, especialmente nos campos da religião, da família, das identidades de gênero e de cor, da libertação da mulher e da ciência. São mudanças que, certamente, trazem insegurança para muitas pessoas, mesmo em países europeus. Essa instabilidade tem resultado na emergência de populismos de direita, vistos por muitos analistas como ameaça às democracias representativas. Ironicamente, um dos países em que a reação autoritária tem sido mais intensa é a Hungria, que pertenceu, justamente, ao mundo comunista.

Seria esse o caso do Brasil? Em boa parte, sim. Há, sem dúvida, no apoio ao presidente, traços desse populismo de direita com tendências messiânicas. O fenômeno, aliás, não é novo em nosso país. Algo parecido verificou-se na eleição de Fernando Collor de Mello em 1989, que, por sua vez, lembrava a de Jânio Quadros em 1960. Nos três casos, estiveram presentes a rejeição aos políticos por corrupção, o desprezo pelos partidos, o moralismo, o conservadorismo político e o apelo a uma classe média reacionária, descrente da política e dos políticos, pronta para apoiar saídas inconstitucionais. Jânio Quadros, cujo símbolo era uma vassoura, governou por pouco tempo. Renunciou após uma tentativa fracassada de golpe. Fernando Collor, também com fraco apoio partidário, apresentou-se como o salvador da pátria, o caçador dos corruptos, dos marajás da república. Renunciou em 1992 diante da ameaça de um processo de impeachment baseado em acusações de corrupção. O atual presidente também se apresentou como salvador, o "mito", em luta contra o espantalho da corrupção, apoiado por setores da classe média, principalmente, dos evangélicos. Mas o que o torna mais perigoso para a democracia do que foram Jânio Quadros e Fernando Collor é sua vinculação aos militares. E, mais do que nos casos anteriores, sua atuação exige da parte dos cidadãos e das instituições constante vigilância em defesa do sistema democrático.

Dito isso, não me parece, no entanto, que, a médio prazo, nosso principal problema seja político, uma ameaça à democracia. A Constituição de 1988 trouxe avanços democráticos.

Ela permitiu o voto dos analfabetos e estendeu-o a jovens de 16 anos, configurando uma das franquias eleitorais mais amplas do Ocidente. Ao adicionarmos a essa ampla franquia a obrigatoriedade do voto, passamos a ter também uma das mais altas participações eleitorais no mundo democrático. Nosso maior problema, a meu ver, é o fato de que a ampla inclusão no sistema representativo não se traduza em inclusão no âmbito social. A ampla franquia eleitoral não redunda em representação dos interesses da maioria quando medida por políticas públicas. Entre nós, o que pesa na representação de interesses, mais do que a eleição majoritária, é o grau de organização dos setores da sociedade. São os sindicatos, as associações de classes e os lobbies, as teias sociais capazes de pressionar congressistas no sentido de votarem a favor de seus interesses ou de impedirem a aprovação de medidas que considerem contrárias a seus objetivos. O mesmo vale para o Executivo. Milhões de brasileiros não dispõem da mesma capacidade de pressão que possuem esses grupos organizados. Logo depois da redemocratização, houve tentativas de criar entidades representativas desses setores da sociedade; as mais conhecidas são as associações de bairros nas grandes cidades. Mas também elas foram sendo aos poucos esvaziadas, infiltradas e dominadas por traficantes e, no caso do Rio de Janeiro, também por milícias que acabaram controlando a política local e frustrando a tentativa de representação dos que se encontram na base da pirâmide social.

Essa é formada por milhões de desempregados, subempregados, não empregáveis e trabalhadores informais, todos com baixo índice de escolaridade. Segundo dados do IBGE, somando-se os beneficiários do Bolsa Família com os do auxílio emergencial introduzido durante a pandemia da

Covid-19, chegamos a 104 milhões de pessoas, quase a metade da população do país. A imensa desigualdade que marca o Brasil é atestada pelo índice Gini, que nos coloca na vergonhosa posição de oitava nação mais desigual do mundo. No ranking baseado no Índice de Desenvolvimento Humano (IDH), ocupamos o 84º lugar. Como chegamos a esse ponto é uma longa história que começa em 1500 e que não pode ser contada aqui. Eu teria que reescrever este livro em chave pessimista. Seria também admitir que, apesar ou por causa de termos iniciado nossa expansão dos direitos pelos sociais, a inclusão é hoje ainda nosso principal problema. Se combinarmos a baixa representatividade do voto, o persistente índice medíocre de crescimento econômico e a instabilidade política, não há como visualizar uma redução significativa da desigualdade, mesmo que a médio prazo.

Isso quer dizer que, mesmo que consigamos superar os perigos políticos atuais — o que de algum modo deveremos conseguir — mantendo os direitos políticos e civis, o regime democrático e derrotando o Coronavírus, continuaremos a ter que enfrentar o problema maior do pagamento de nossa dívida social contraída com milhões de brasileiros.

Às vésperas dos 200 anos da independência, devemos fazer um balanço franco e honesto do que fizemos até aqui e nos perguntarmos sobre nossa capacidade de acompanhar o bonde da história.

Sugestões de leitura

A análise feita neste livro cobre um vasto período. A literatura pertinente é enorme. As sugestões que se seguem têm apenas a finalidade de facilitar o trabalho dos que quiserem aprofundar o tema.

O livro de T. H. Marshall aqui utilizado é *Cidadania, classe social e status* (Rio de Janeiro, Zahar, 1967). Existem duas histórias gerais do Brasil de boa qualidade. A primeira é a *História geral da civilização brasileira*, organizada por Sérgio Buarque de Holanda (Colônia e Império) e Bóris Fausto (República). Foi publicada em São Paulo pela Difel em 11 volumes, entre 1960 e 1984. A segunda, mais recente, é parte da *Cambridge History of Latin America*, organizada por Leslie Bethell e publicada pela Cambridge University Press. Dois volumes já saíram em português pela Edusp. Recentes também, e mais acessíveis, são a *História do Brasil* de Bóris Fausto (São Paulo, Edusp, 1996), *Trajetória política do Brasil*, de Francisco Iglésias (Companhia das Letras, 1993), e *História geral do Brasil*, organizada por Maria Yedda Linhares (Rio de Janeiro, Campus, 9ª ed., 2000). Para o período contemporâneo, há um bom resumo dos acontecimentos em dois livros de Thomas Skidmore, *Brasil: de Getúlio a Castelo* (Rio de Janeiro, Saga, 1969) e *Brasil: de Castelo a*

Tancredo (Rio de Janeiro, Paz e Terra, 1988). Textos mais analíticos podem ser encontrados em Hélio Jaguaribe *et alii*, *Brasil, sociedade democrática* (Rio de Janeiro, José Olympio, 1985), e Bolívar Lamounier, org., *De Geisel a Collor: o balanço da transição* (São Paulo, Sumaré, 1990).

Há alguns ensaios clássicos de interpretação do Brasil de grande relevância para o tema da cidadania, embora não o tratem direta nem exclusivamente e adotem perspectivas muito variadas. Cito, por ordem cronológica: Alberto Torres, *O problema nacional brasileiro* (Rio de Janeiro, Imprensa Nacional, 1914), Gilberto Freyre, *Casa-grande e senzala* (Rio de Janeiro, José Olympio, 1933), Sérgio Buarque de Holanda, *Raízes do Brasil* (Rio de Janeiro, José Olympio, 1936), Nestor Duarte, *A ordem privada e a organização política nacional* (São Paulo, Companhia Editora Nacional, 1939), Victor Nunes Leal, *Coronelismo, enxada e voto. O município e o regime representativo no Brasil* (Rio de Janeiro, Forense, 1949), Oliveira Vianna, *Instituições políticas brasileiras* (Rio de Janeiro, José Olympio, 1949), Clodomir Vianna Moog, *Bandeirantes e pioneiros. Paralelo entre duas culturas* (Rio de Janeiro, José Olympio, 1955), Raymundo Faoro, *Os donos do poder. Formação do patronato político brasileiro* (Porto Alegre, Globo, 1958), Simon Schwartzman, *São Paulo e o Estado nacional* (São Paulo, Difel, 1975), Florestan Fernandes, *A revolução burguesa no Brasil* (Rio de Janeiro, Zahar, 1975), Roberto da Matta, *Carnavais, malandros e heróis. Para uma sociologia do dilema brasileiro* (Rio de Janeiro, Zahar, 1979), Richard M. Morse, *O espelho de Próspero* (São Paulo, Companhia das Letras, 1988). Uma bem-humorada e heterodoxa cronologia política do Brasil, que vai de 1900 a 1980, foi organizada por Darcy Ribeiro e se intitula *Aos trancos e barrancos. Como o Brasil deu no que deu* (Rio de Janeiro, Guanabara Dois, 1985).

Há ainda rica literatura que aborda diretamente o tema da cidadania em seus vários aspectos. O impacto da escravidão sobre a cultura política é discutido de maneira arguta por Joaquim Nabuco em *O abolicionismo,* publicado pela primeira vez em Londres, em 1883, e republicado várias vezes. A situação do negro na sociedade atual é discutida por Florestan Fernandes em *A integração do negro na sociedade de classes* (São Paulo, Dominus Editora, 1965) e por Kátia de Queirós Mattoso em *Ser escravo no Brasil* (São Paulo, Brasiliense, 1988). As desigualdades que afetam a posição de negros e pardos no Brasil de hoje são documentadas por Carlos A. Hasenbalg em *Discriminação e desigualdades raciais no Brasil* (Rio de Janeiro, Graal, 1979). As limitações impostas à cidadania pela grande propriedade agrária são objeto de quase todos os ensaios citados antes. Os movimentos messiânicos tiveram em Euclides da Cunha um clássico analista em *Os sertões*, publicado em 1902. Para estudo mais acadêmico, pode-se consultar Maria Isaura Pereira de Queiroz, *O messianismo no Brasil e no mundo* (São Paulo, Dominus, 1965). As tendências do movimento operário na Primeira República são discutidas por Bóris Fausto em *Trabalho urbano e conflito social* (São Paulo, Difel, 1977), as relações entre o liberalismo e a política trabalhista de Vargas são o tema de Luiz Werneck Vianna em *Liberalismo e sindicato no Brasil* (Rio de Janeiro, Paz e Terra, 1976), os esforços do Estado Novo de cooptar o operariado urbano são analisados por Angela Maria de Castro Gomes em *A invenção do trabalhismo* (Rio de Janeiro/São Paulo: Iuperj/Vértice, 1988). A estrutura sindical pós-30 foi estudada por José Albertino Rodrigues, *Sindicato e desenvolvimento no*

Brasil (São Paulo, Difel, 1966), e por Leôncio Martins Rodrigues, *Conflito industrial e sindicalismo no Brasil* (São Paulo, Difel, 1966).

A discussão mais bem documentada da participação eleitoral no Império foi feita por Richard Graham em *Clientelismo e política no Brasil do século XIX* (Rio de Janeiro, Ed. da UFRJ, 1997). A cidadania na Primeira República foi discutida por José Murilo de Carvalho em *Os bestializados. O Rio de Janeiro e a República que não foi* (São Paulo, Companhia das Letras, 1987). O problema dos partidos políticos após 1930 tem uma boa análise em Maria do Carmo C. Campello de Souza, *Estado e partidos políticos no Brasil (1930-1964)* (São Paulo, Alfa-Omega, 1976). Rico em informações estatísticas, incluindo dados inéditos de pesquisa de opinião pública anterior a 1964, é o livro de Antônio Lavareda, *A democracia nas urnas. Processo partidário eleitoral brasileiro* (Rio de Janeiro, Iuperj/Rio Fundo Editora, 1991). Os movimentos associativos da década de 70 e suas relações com a democracia são estudados por Renato Raul Boschi em *A arte da associação. Política de base e democracia no Brasil* (Rio de Janeiro/São Paulo, Iuperj/Vértice, 1987). As possibilidades da democracia direta após o fim do regime militar são exploradas por Maria Victória de Mesquita Benevides em *A cidadania ativa. Referendo, plebiscito e iniciativa popular* (São Paulo, Ática, 1991).

Os direitos sociais e sua relação com a cidadania foram abordados por Wanderley Guilherme dos Santos em *Cidadania e justiça. A política social na ordem brasileira* (Rio de Janeiro, Campus, 1979) e em Alexandrina Moura, org., *O Estado e as políticas públicas na transição democrática* (São Paulo, Vértice/Massangana, 1989). Ver também Vera da

Silva Telles, *Direitos sociais: afinal, do que se trata?* (Belo Horizonte, Editora da UFMG, 1999). Sobre legislação social e trabalhista, ver Délio Maranhão, *Direito do trabalho* (Rio de Janeiro, Fundação Getulio Vargas, 3ª ed., 1974). Para uma discussão das relações entre a reforma do Judiciário e a democracia, ver José Eduardo Faria, *Direito e justiça. A função social do Judiciário* (São Paulo, Ática, 1989). Os direitos civis e a violência são discutidos em Dulce Pandolfi *et alii, Cidadania, justiça e violência* (Rio de Janeiro, Editora Fundação Getulio Vargas, 1999). Análise da repressão durante a ditadura militar foi feita por Marcos Figueiredo em L. Klein e M. Figueiredo, *Legitimidade e coação no Brasil pós-64* (Rio de Janeiro, Forense, 1978).

A melhor fonte para informações estatísticas são as publicações do Instituto Brasileiro de Geografia e Estatística (IBGE). Foram de especial utilidade as seguintes: *Anuário estatístico do Brasil, 1998* (Rio de Janeiro, 1999); *Estatísticas históricas do Brasil. Séries econômicas, demográficas e sociais, de 1550 a 1988* (Rio de Janeiro, 2ª ed., 1990); *Participação político-social, 1988* (Rio de Janeiro, 1990); *Sindicatos. Indicadores sociais*, vols. 1 e 2 (Rio de Janeiro, 1987 e 1988); e a série *Pesquisa Nacional por Amostra de Domicílios — PNAD*, cuja última versão é de 1998 (Rio de Janeiro, 1989). Séries estatísticas econômicas e demográficas, acompanhadas de análises precisas, encontram-se em Anníbal Villanova Villela e Wilson Suzigan, orgs., *Política do governo e crescimento da economia brasileira, 1889-1945* (Rio de Janeiro, Ipea/Inpes, 2ª ed., 1975). Muito útil para indicadores políticos e para dados sobre a repressão política é *Que Brasil é este? Manual de indicadores políticos e sociais,* organizado por Violeta Maria Monteiro e Ana Maria Lustosa

Caillaux, sob a coordenação de Wanderley Guilherme dos Santos (Rio de Janeiro/São Paulo, Iuperj/Vértice, 1990). Os dados eleitorais para os anos recentes foram sistematizados por Jairo Marconi Nicolau, org., *Dados eleitorais do Brasil (1982-1996)* (Rio de Janeiro, Revan/Iuperj, 1998).

Para o período tratado no prefácio e no posfácio incluídos a partir da 14ª edição, podem ser consultados os livros listados a seguir.

Para uma visão geral das mudanças, Albert Fishlow, *O novo Brasil* (São Paulo, Saint Paul Editora, 2011) e Luiz Filgueiras e Reinaldo Gonçalves, *A economia política do governo Lula* (Rio de Janeiro, Contraponto, 2007). O fenômeno da nova classe média é discutido por Amaury de Souza e Bolívar Lamounier em *A classe média brasileira: ambições, valores e projetos de sociedade* (Rio de Janeiro, Elsevier/Brasília; CNI, 2010) e por Marcelo Neri em *A nova classe média*: o lado brilhante da base da pirâmide (São Paulo, Saraiva, 2011). Para novas dimensões da cidadania, James Holston, *Cidadania insurgente*: disjunções da democracia e da modernidade no Brasil (São Paulo, Companhia das Letras, 2013).

Luiz Weneck Vianna, org. *A democracia e os três poderes no Brasil*. Belo Horizonte: Editora UFMG/ Rio de Janeiro: Iuperj/Faperj, 2002.

Créditos das imagens de capa e contracapa

(Por ordem de aparição da esquerda para a direita)

CAPA

"Chefe dos Bororos partindo para um ataque", 1834-1839, Jean-Baptiste Debret, aquarela sobre papel. Acervo New York Public Library.

[Manifestantes fazem protesto em frente ao prédio da Fiesp na avenida Paulista contra a nomeação do ex-presidente Lula para ministro da Casa Civil e pedem o impeachment da presidente Dilma Rousseff.] Estadão Conteúdo/Fotógrafo: Daniel Teixeira.

"Vendedoras de arruda", 1834-1839, Jean-Baptiste Debret, aquarela sobre papel. Acervo New York Public Library.

[Comício da Central do Brasil], Rio de Janeiro, Fundo Agência Nacional/Wikipédia.

[Manifestações populares em frente ao Congresso Nacional durante a eleição de Tancredo Neves pelo Colégio Eleitoral]. Janeiro de 1985. Senado Federal/Fotógrafo: Célio Azevedo.

"Ponte de Santa Ifigênia", 1827, Jean-Baptiste Debret, aquarela sobre papel. Reprodução fotográfica Romulo Fialdini/Tempo Composto.

"Uma senhora de algumas posses em sua casa", 1834-1839, Jean-Baptiste Debret, aquarela sobre papel. Acervo New York Public Library.

[Deposição do Governo João Goulart — Golpe de 1964.] Arquivo Nacional/Correio da Manhã/Wikipédia.

CONTRACAPA

"Vista do exterior da galeria da aclamação de Rei Dom João VI no Rio de Janeiro", 1834-1839, Jean-Baptiste Debret, aquarela sobre papel. Acervo New York Public Library.

[Revolução de 1930.] Arquivo Nacional/Correio da Manhã/Wikipédia.

[Imagens de uma das ruas de São Paulo tomada de trabalhadores com bandeiras vermelhas na greve geral de 1917.] Biblioteca Nacional/A Cigarra

Diretas Já. Estadão Conteúdo/Fotógrafo: Arnaldo Fiaschi.

Manifestações pelas eleições diretas para a presidência da República no Plenário da Câmara dos Deputados. Abril de 1984. Senado Federal/Fotógrafo: Célio Azevedo.

"Negras vendedoras de angu", 1834-1839, Jean-Baptiste Debret, aquarela sobre papel. Acervo New York Public Library.

Imagens de uma das ruas de São Paulo tomada de trabalhadores com bandeiras vermelhas na greve geral de 1917. Biblioteca Nacional/A Cigarra.

Encerramento das votações da nova carta constitucional, com o discurso do Presidente da Assembleia Nacional Constituinte (ANC) Deputado Ulysses Guimarães. No dia 22 de setembro, o plenário da ANC, na 1.021ª votação, aprova o Projeto de Constituição. Foto: Arquivo/Senado Federal.

Negras livres vivendo de seus trabalhos, 1834-1839, Jean-Baptiste Debret, aquarela sobre papel. Acervo New York Public Library

*O texto deste livro foi composto em
Sabon LT Std, em corpo 11/15.
A impressão se deu sobre papel off-white
pelo Sistema Cameron da Divisão Gráfica
da Distribuidora Record.*